RADIUS BÜCHER

Gerd Lüdemann

Das Unheilige in der Heiligen Schrift

Die andere Seite der Bibel

Die Deutsche Bibliothek – CIP-Einheitsaufnahme

Lüdemann, Gerd:
Das Unheilige in der Heiligen Schrift: die andere Seite
der Bibel / Gerd Lüdemann. – Stuttgart: Radius-Verl., 1996
(Radius-Bücher)
ISBN 3-87173-092-0

ISBN 3-87173-092-0
© Radius-Verlag GmbH Stuttgart 1996
Umschlag: Rainer Groothuis
Gesamtherstellung: Clausen & Bosse, Leck
Printed in Germany

Inhalt

Kapitel 4: Jesus und die Barmherzigkeit Gottes . . . 120

Kapitel 5: Kritik an meiner Kirche 124

Vorwort

Kein anderes Buch wird so oft gedruckt wie die Bibel, kein anderes Buch ist in so viele Sprachen übersetzt worden, und kein anderes Buch hat eine so große Wirkung erzielt. Ohne sie keine abendländische Kultur und keine christliche Kirche. Gleichwohl ist der Inhalt der Bibel weitgehend unbekannt und ihr Gebrauch durch die christlichen Kirchen, denen gegenwärtig ca. zwei Milliarden Menschen angehören, höchst selektiv. Trotzdem gilt sie allgemein als Gottes Wort, das »allen Menschen die gute Nachricht von Gottes Barmherzigkeit ausrichten« will (Vorrede zur Heiligen Schrift, Lutherbibel 1984, S. 5).

Wie aber steht es mit denjenigen Partien der Bibel, die Gottes Barmherzigkeit gerade nicht ausrichten, sondern seinen Befehl enthalten, ganze Völker auszurotten? Was soll man ferner zu solchen Texten sagen, die andersgläubige Menschen verteufeln?

Diesen Problemkreisen will das vorliegende Buch nachgehen und im gegenwärtigen Luther-Gedenkjahr das verdrängte Erbe der Bibel in rücksichtsloser Ehrlichkeit aufarbeiten. Es faßt Beobachtungen zusammen und formuliert Fragen, die mir auf den Nägeln brennen, seitdem ich in der Bibel lese und sie wissenschaftlich untersuche. Der unmittelbare Anlaß, dieses Buch jetzt zu veröffentlichen, ist das bei der Diskussion um die Auferstehung Jesu und um den Bibelkanon sichtbar gewordene bodenlose Unwissen christlicher Kreise bis in die Chefetagen der verfaßten evangelischen Kirche hinein. Insofern übt dieses Werk zwischen den Zeilen Kirchenkritik. Vor allem aber will es ganz einfach informieren und in die verdrängten Seiten der Bibel einführen.

Die Theologische Fakultät der Universität Heidelberg und die Kirchliche Hochschule Wuppertal haben mich im Sommersemester 1996 zu Gastvorlesungen eingeladen, bei denen einige Thesen des Buches getestet wurden. Ich danke den Kollegen Besier, Ritter und Theißen in Heidelberg und den Kollegen Breidert und Klappert in Wuppertal für die Einladung und die damit dokumentierte Gesprächsbereitschaft, die im heutigen kirchlich-theologischen Klima nicht mehr selbstverständlich ist.

Auch in diesem Buch habe ich viele Quellen zitiert, um die Neugier der Leserschaft am behandelten Gegenstand zu wecken. Soweit biblische Texte wiedergegeben werden, liegt in der Regel die revidierte Lutherübersetzung von 1984 zugrunde, die aber jeweils an den Urtexten überprüft wurde und an nicht wenigen Stellen verbessert werden mußte.

Als Einstiegslektüre empfehle ich das Abschlußkapitel »Kritik an meiner Kirche«, das in zwölf Punkten klar ausspricht, worum es mir bei der Abfassung dieses Buches eigentlich geht. Historische Arbeit hat keinen Selbstzweck, sondern zielt auf Veränderungen in der Gegenwart und in der Zukunft.

In allen Phasen der Abfassung des Buches haben mir Silke Röthke und Frank Schleritt in bewährter Weise geholfen. Marita Hübner hat philosophische Fragen aufgearbeitet und ebenso wie Martina Janßen, Alf Özen und Privatdozent Dr. Jürgen Wehnert, M. A., das abgeschlossene Manuskript durchgesehen. Ihnen allen danke ich für konstruktive Zuarbeit, zahlreiche Verbesserungsvorschläge und freimütige Kritik.

Eine englische Übersetzung wird von Dr. John Bowden für die SCM Press (London) vorbereitet.

Göttingen, den 8. August 1996   *Gerd Lüdemann*

Kapitel 1
Problemstellung und Methode

Ein gespaltenes Bewußtsein im Umgang mit der Bibel

Für die christlichen Kirchen der Gegenwart und Vergangenheit gilt
die Bibel als Heilige Schrift. Der überwiegende Teil der Christenheit
auf Erden liest die Bibel im wörtlichen Sinne als vom Heiligen Geist
eingegebenes Wort Gottes, so wie es bis zur Aufklärung allgemein
üblich war.

Gleichwohl ist das dabei vorausgesetzte Schriftprinzip durch die
Auflösung des Inspirationsdogmas für die wissenschaftliche Theologie ein für allemal ad acta gelegt worden.

Dies sei vorweg in Anlehnung an Wolfhart Pannenbergs klassi-
schen Aufsatz »Die Krise des Schriftprinzips« aus dem Jahr 1962
erläutert. Unter Berufung auf den exegetisch eindeutigen Wortsinn
der Schrift habe Martin Luther den Kampf gegen das päpstliche
Lehramt aufgenommen, und zwar in der Überzeugung, seine eigenen exegetischen Ergebnisse seien *identisch* mit der »›Sache‹ der
Schrift, wie sie in der Person und Geschichte Jesu Christi zusam-
mengefaßt und in den Dogmen der Kirche entfaltet ist« (1971: 14).
Diese Gewißheit lag seinem hermeneutischen Grundsatz von der
Selbstevidenz oder Klarheit der Schrift zugrunde. »Die Lehre von
der Klarheit der Schrift führte notwendig zu der Forderung, daß
jeder theologische Satz durch historisch-kritische Schriftauslegung
zu begründen sei« (S. 14f). Gleichwohl habe die historisch-kritische
Schriftforschung die Grundlagenkrise heraufbeschworen, vor der
wir heute ständen. War für Luther der Wortsinn der Schriften noch
identisch mit ihrem historischen Gehalt, so sei heute beides aus-
einandergerückt; »das Bild der verschiedenen neutestamentlichen
Verfasser von Jesus und seiner Geschichte kann nicht mehr ohne
weiteres als identisch mit dem tatsächlichen Hergang der Ereignisse
gelten... Für uns... ist der historische Abstand jeder heute möglichen Theologie vom urchristlichen Zeitalter unübersehbar und zur

Quelle der uns am meisten bewegenden theologischen Probleme geworden« (S. 15). Oder anders gesagt: Die Kluft zwischen historischem Faktum und seiner behaupteten Bedeutung, zwischen Historie und Verkündigung, zwischen der tatsächlichen Geschichte Jesu und dem vielfältigen Bild von seiner Geschichte im Neuen Testament macht es unmöglich, die Inspiriertheit der neutestamentlichen Schriften in seriöser Weise weiter zu vertreten oder gar Wort Gottes und Heilige Schrift gleichzusetzen.

Diese sicheren Erkenntnisse haben bisher wenig gegen eine naiv-fundamentalistische Lektüre auszurichten vermocht. Vielmehr herrscht weiterhin fast ungebrochen die Meinung: Bei der Lektüre der Heiligen Schrift redet mich Gott an, und die Anrede entspricht derjenigen, welche die biblischen Zeugen empfangen haben bzw. diejenigen, zu denen jene gesprochen haben.

Allerdings sind für eine solche Konstruktion mehrere Voraussetzungen unabdingbar. *Erstens:* der vorliegende Bibelkanon ist durch Gott selbst festgelegt; *zweitens:* die in ihm redenden bzw. schreibenden Verfasser tun dies im Auftrag Gottes; *drittens:* sie reden nicht nur ihre Zeitgenossen an, sondern auch jene, die später ihre Schrift bzw. Worte lesen werden. Dabei ist, wie bereits gesagt, der Sinn bzw. der Gehalt der Botschaft damals und heute identisch. Was damals gesagt oder geschrieben wurde, gilt in gleicher Weise auch heute. Deshalb konnte Luther »seine eigene Lehre mit dem wörtlichen Inhalt der biblischen Schriften gleichsetzen« (Pannenberg 1971: 15).

Diese Annahme und das mit ihr verbundene Schriftprinzip können heute nur noch als naiv bezeichnet werden, auch wenn im Lutherjahr 1996 das Erbe des Reformators förmlich beschworen und eingeschärft wird, um wieviel uns Luther doch voraus sei (vgl. Hirschler 1996). Denn unübersehbar hat sich zwischen damals und heute der garstig breite Graben der Geschichte aufgetan. Der historische Abstand zwischen dem frühchristlichen Zeitalter und der heutigen Kirche ist die Ursache eines krisenhaften Strudels geworden, der liebgewonnene Gewohnheiten des Glaubens unbarmherzig mit sich in die Tiefe reißt. Dies geschieht deswegen, weil die seit 250 Jahren betriebene historisch-kritische Erforschung der Bibel (vgl. Reventlow 1980; Hirsch 1964; zum Alten Testament: Smend 1991; zum Neuen Testament: Kümmel 1970a; 1970b) mit dem bis dahin vorhandenen Bild der Bibel restlos aufgeräumt und jeden einzelnen ihrer Verse als menschliches Wort verstehen gelehrt hat. Doch sind ihre Ergebnisse – wenn überhaupt – der Öffentlichkeit nur geschönt vermittelt worden.

Der Eindruck, den Christoph Türcke über die heutzutage betriebene Theologie gewonnen hat, ist mitteilenswert. Dieser von der theologischen Zunft ignorierte Kritiker der sogenannten wissenschaftlichen Theologie schreibt: »Gott wird in die elaboriertesten wissenschaftlichen Termini übersetzt – aber 1. immer unter der schlichten Voraussetzung, daß er existiert und der Geschichte Sinn und Ziel gegeben hat, und 2. immer zu dem Zweck, diese schlichte Voraussetzung als der Weisheit letzter Schluß zu erhärten« (Türcke 1992: 136). Er fährt fort:

»Die Selbstreflexion des Credo, die beim Durchgang durch die Wissenschaft stattfindet, ist die mit allen Wassern der Aufklärung gewaschene Bemäntelung seiner Naivität. Das derart von Reflexion durchtriebene Credo ist beides zugleich: sowohl naiv als auch durchtrieben. Diese Doppelheit ist die Signatur moderner Theologie. Sie kann wie ein Chamäleon die Farbe wechseln, den Vorwurf der Naivität entrüstet zurückweisen mit Hinweis auf ihre Wissenschaftlichkeit, den Vorwurf der wissenschaftlichen Zersetzung der Glaubenssubstanz mit Hinweis auf ihre Verwurzelung im Credo – und so das Kunststück einer doppelten Mimikry vollbringen: an die Standards der wissenschaftlichen Diskussion *und* an den schlichten Glauben der Kultgemeinde« (Türcke 1992: 136f).

Türckes Diagnose, daß die heutige Theologie ein gespaltenes Bewußtsein hat, dürfte zutreffen. Denn sie bemüht sich einerseits um Anschluß an die Tradition der altkirchlichen Konzilien sowie ihrer Lehrentscheidungen und verteidigt um jeden Preis beispielsweise das Apostolische Glaubensbekenntnis. Andererseits ist sie in der Bibelauslegung dem liberalen Erbe und damit der historisch-kritischen Methode verpflichtet. Doch werden seit geraumer Zeit die Ergebnisse der historischen Forschung entweder umgebogen (a), relativiert (b), gezähmt (c) oder mit obskuren Methoden überhaupt im großen Rahmen in Frage gestellt (d).

a) Die Umbiegung der Ergebnisse historischer Forschung erfolgt z. B., wenn die Tatsache der Falschzuschreibung neutestamentlicher Schriften heruntergespielt und zur Begründung auf ein unterentwickeltes Bewußtsein des geistigen Eigentums und der schriftstellerischen Individualität verwiesen wird. Gegen eine solche allgemeine Theorie spricht beispielsweise der Zweite Thessalonicherbrief, der explizit gegen eine Fälschung Stellung nimmt (2 Thess 2,2) und doch selbst eine Fälschung ist (vgl. zum Problem Lüdemann 1995: 113–127).

b) Die Relativierung der Ergebnisse historischer Forschung geschieht dort, wo etwa gesagt wird: Selbst wenn sich zweifelsfrei beweisen ließe, daß das Grab Jesu zu Ostern nicht leer, sondern voll gewesen sei, habe dies für den Glauben an den auferstandenen Christus keinerlei Bedeutung (so z. B. Lindemann 1994). Diese Auskunft befriedigt nicht, weil damit der herkömmliche Bedeutungsgehalt des Wortes »Auferstehung« völlig umgebogen wird. Man mache die Probe: Kann jemand, der die Lindemannsche Position vertritt, noch zu Christus beten? Ich meine, nein.

c) Die Zähmung der Ergebnisse der historisch-kritischen Forschung liegt dort vor, wo gesagt wird, man dürfe ihre Resultate nicht absolut setzen (so Landesbischof Horst Hirschler in einem Vortrag am 24. Juni 1996 im Rahmen der Bonner Theologischen Gespräche des Evangelischen Arbeitskreises der CDU/CSU; vgl. idea 78/1996). Die historische Kritik gilt ganz oder gar nicht. Insofern muß sie sich selbst und ihre Ergebnisse absolut setzen. Damit ist freilich nicht der Anspruch verbunden, die ganze Wirklichkeit erfassen zu können.

d) Die Infragestellung der Ergebnisse der historisch-kritischen Forschung wird unter dem Zeichen der Neudatierung der neutestamentlichen Evangelien und der damit verbundenen These, Augenzeugen hätten diese verfaßt, beispielsweise von Carsten P. Thiede / Matthew d'Ancona (1995) eifrig betrieben. Daß hier eine plumpe Täuschung der Öffentlichkeit vorliegt, hat neuerdings Werner Harenberg (1996) eindrücklich gezeigt.

Die revidierte Lutherbibel und ihr Bild von der Heiligen Schrift

Wie die Bibel heutzutage der evangelischen kirchlichen Öffentlichkeit vorgestellt und vermittelt wird, dafür ist das Vorwort zur revidierten Lutherbibel aus dem Jahre 1984 von dem damaligen Vorsitzenden des Rates der Evangelischen Kirche in Deutschland und der Deutschen Bibelgesellschaft, Landesbischof D. Eduard Lohse, ein Beispiel (ich zitiere aus der Ausgabe 1985/I; in späteren Auflagen seit 1989 wurde das Vorwort nicht mehr abgedruckt). Es heißt dort in der »Vorrede zur Heiligen Schrift«:

»Die Bibel will allen Menschen die gute Nachricht von Gottes Barmherzigkeit ausrichten... Die ältesten Zeugnisse des Alten Testaments reichen in die Zeit zurück, als Israel aus der Wüste in das verheißene Land zog. Von der Geschichte dieses Volkes wird erzählt, die Botschaft seiner Propheten wird verkündet, das Gotteslob der Psalmen wird gesungen.

Die Schriften des Neuen Testaments sind zum großen Teil in der zweiten Hälfte des ersten Jahrhunderts n. Chr. aufgezeichnet worden, zuerst die Briefe des Apostels Paulus, dann die Berichte von Jesu Wirksamkeit, seinem Leiden, Sterben und Auferstehen; dazu kamen schließlich einige Briefe, die zu Anfang des zweiten Jahrhunderts abgefaßt wurden.

Jede biblische Schrift spricht in eine bestimmte geschichtliche Lage hinein. Sie redet Menschen an, die Sorgen und Freuden, Leid und Glück kennen, und sagt ihnen, daß Gottes Wort sie trösten und aufrichten, ihr Leben bestimmen und leiten will. Die biblischen Zeugen geben weiter, was sie erfahren haben: Gottes Wort ist wahr, darauf kann man sich verlassen. Was gestern galt, gilt auch heute, morgen und allezeit. Von einer Generation wurde dieses Zeugnis zur nächsten weitergereicht. Kein anderes Buch ist in so viele Sprachen übersetzt worden wie die Bibel. Kein anderes Werk wird in so vielen Völkern gelesen wie sie.

Martin Luther hat auf der Wartburg innerhalb von 80 Tagen das ganze Neue Testament ins Deutsche übersetzt. Im September 1522 erschien die gedruckte Ausgabe, 1534 waren alle Schriften des Alten Testaments übersetzt. Die Lutherbibel hat die deutsche Sprache bis heute geprägt. Sie war und ist von unvergleichlicher Kraft, die im Gottesdienst der Gemeinde wirksam wird und sich ebenso beim persönlichen Bibellesen erweist…

Wie die Reformation ihren Anfang aus dem Hören auf die biblische Botschaft nahm, so soll auch in Zukunft die Lutherbibel ein einigendes Band der evangelischen Christenheit deutscher Sprache bleiben.

Martin Luther hat immer wieder betont, daß die Bibel einen Schatz an Weisheit birgt, den wir niemals ausschöpfen können und mit dessen Verstehen wir an kein Ende kommen. Noch unmittelbar vor seinem Tod notierte er: ›Die Heilige Schrift meine niemand zur Genüge verschmeckt zu haben, er habe denn hundert Jahre mit den Propheten Kirchen geleitet.‹ Manches Bibelwort erschließt sich erst, wenn man lange damit umgeht. Das bedeutet nicht, daß die Bibel ›dunkel‹ ist. Die Botschaft von der erbarmenden und neuschaffenden Liebe Gottes leuchtet so hell und klar aus ihr hervor wie die Sonne. Wer dieses Buch aufschlägt und es zu sich sprechen läßt, der erfährt auch heute noch, was Zuversicht gibt im Leben und im Sterben, und kann mit unseren Vätern und Müttern dankbar bekennen: ›Das Wort unseres Gottes bleibt ewiglich‹ (Jesaja 40,8).«

Dieses Vorwort vereinigt in sich Ergebnisse historischer Bibelwissenschaft und theologische Spitzenformulierungen. Entsprechend werden Kernsätze der Bibel in der darauf folgenden Übersetzung in halbfetter Schrift gebracht und am Ende eine chronologische Übersicht über die mutmaßliche Abfassungszeit der biblischen Bücher und die in ihr vorausgesetzten profanen Daten angeführt. Zusätzlich ist zu vermerken, daß in der Übersetzung dem neuesten textkritischen Befund Rechnung getragen wird: so ist z. B. Mk 16,9–20 ausdrücklich als ein erst in späterer Zeit zum Markusevangelium hinzugefügter Schluß gekennzeichnet.

Die Lutherbibel in der revidierten Fassung von 1984 samt Vorrede und Anhängen ist somit ein Beispiel für die heutige Stellung und den Gebrauch der Bibel im Lager der evangelischen Kirche, das von der Bibelkritik geprägt ist und dessen offizielle Vertreter sich bei vielen Gelegenheiten ihrer protestantischen Freiheit gegenüber der römisch-katholischen Gegenseite rühmen.

Allerdings ist darauf hinzuweisen, daß die Ergebnisse der historischen Kritik in der revidierten Lutherbibel nicht konsequent berücksichtigt werden. Im folgenden seien drei Punkte näher ausgeführt, die zum Widerspruch geradezu herausfordern.

Zum Weissagungsbeweis

Im Vorwort wird ein alttestamentlicher Spruch dafür angeführt, was für Christen allgemein gilt. In der nachfolgenden Übersetzung des Alten Testaments sind unter anderem diejenigen Stellen fettgedruckt, die die Christenheit seit Jahrhunderten als Voraussagen auf Jesu Kommen angesehen hat und die alljährlich in Weihnachts- (Jes 7,10–14; 9,1–6; 11,1–9; Mi 5,1–4a; 2 Sam 7,4–6.12–14a) oder Karfreitagsgottesdiensten (Jes 53,4–5) rezitiert werden. Aber hat die historische Bibelkritik nicht allgemein und ein für allemal gezeigt, daß diejenigen Stellen des Alten Testaments, die von der christlichen Kirche als Voraussagen auf Christi Kommen angeführt werden, *keine* solchen Voraussagen sind? Ist es nicht erbärmlich, wie allweihnachtlich jenes Possenspiel mit dem Alten Testament vor den nichtsahnenden Zuhörern aufgeführt wird, die alljährlich nur einmal in die Kirche gehen? Was unterscheidet die heutige Kirche in ihrem Mißbrauch des Alten Testaments von jenen christlichen Theologen des 2. Jh.s, zu denen sich Friedrich Nietzsche seinerzeit wie folgt geäußert hat?

»(W)as soll man von den Nachwirkungen einer Religion erwarten, welche in den Jahrhunderten ihrer Begründung jenes unerhörte philologische Possenspiel um das Alte Testament aufgeführt hat: ich meine den Versuch, das Alte Testament den Juden unter dem Leibe wegzuziehen, mit der Behauptung, es enthalte nichts als christliche Lehren und *gehöre* den Christen als dem *wahren* Volke Israel: während die Juden es sich nur angemaßt hätten. Und nun ergab man sich in einer Wut der Ausdeutung und Unterschiebung, welche unmöglich mit dem guten Gewissen verbunden gewesen sein kann: wie sehr auch die jüdischen Gelehrten protestierten, überall sollte im Alten Testament von Christus und nur von Christus die Rede sein, überall namentlich

16

von seinem Kreuze und wo nur ein Holz, eine Rute, eine Leiter, ein Zweig, ein Baum, eine Weide, ein Stab genannt wird, da bedeute dies eine Prophezeiung auf das Kreuzesholz; selbst die Aufrichtung des Einhorns und der ehernen Schlange, selbst Moses, wenn er die Arme zum Gebet ausbreitet, ja selbst die Spieße, an denen das Passahlamm gebraten wird, – alles Anspielungen und gleichsam Vorspiele des Kreuzes! Hat dies jemals jemand *geglaubt*, der es behauptete?« (Morgenröte I 84; Nietzsche 1954: 1067f).

Beispiel 1: Jes 7,14
Bis in die Gegenwart hinein wird in Jes 7,14 eine geheimnisvolle Voraussage der Geburt Jesu gesehen. Diese Deutung geht zurück auf den Autor des Matthäusevangeliums, der im Rahmen der Erzählung von der Ankündigung der Geburt Jesu schreibt:

»Das ist aber alles geschehen, damit erfüllt werde, was der Herr durch den Propheten gesagt hat, der da spricht: ›Siehe, eine Jungfrau (*parthenos*) wird schwanger sein und einen Sohn gebären, und sie werden ihm den Namen Immanuel geben‹, das heißt übersetzt: Gott mit uns« (Mt 1,22f).

Bei diesem Wort handelt es sich um ein sog. »Reflexions-« oder »Erfüllungszitat«. Dem ersten Evangelisten liegt es daran zu zeigen, daß sich in Jesus bestimmte alttestamentliche Verheißungen erfüllt haben.

Die Deutung, Jesaja habe in 7,14 die Geburt *Jesu* vorausgesagt, ist jedoch willkürlich und unhaltbar. Dies zeigt ein Blick auf den Kontext und den historischen Hintergrund des zitierten Wortes: Im Jahre 733 v. Chr. verbündeten sich eine Reihe syrisch-palästinischer Staaten, um gemeinsam gegen die Bedrohung durch die Expansionspolitik des assyrischen Königs Tiglatpilesar III. (745–727 v. Chr.) Widerstand zu leisten. Als König Ahas von Juda sich weigerte, ihrer Koalition beizutreten, zogen Rezin von Damaskus (Syrien) und Pekach von Israel (Ephraim) gegen Jerusalem, um die davidische Dynastie zu stürzen und statt dessen einen König einzusetzen, der ihren Plänen entgegenkam (Jes 7,1–6; 2 Kön 16,5). Ahas, der sich den Angreifern offenbar nicht gewachsen fühlte, sah sich daraufhin nach einem mächtigeren Bundesgenossen um und erwog schließlich, Tiglatpilesar III. selbst um Hilfe vor Rezin und Pekach zu bitten (vgl. 2 Kön 16,7) und sich ihm freiwillig zu unterwerfen. Dies aber wäre einer Anerkennung der assyrischen Staatsgottheiten gleichgekommen und hätte somit einen Treuebruch gegenüber Jahwe bedeutet (zum Namen »Jahwe« vgl. unten S. 40).

In dieser Situation wendet sich der Prophet Jesaja an Ahas und fordert ihn auf, im Vertrauen auf Jahwes Hilfe ruhig zu bleiben (Jes 7,4.7–9). Als diese Aufforderung nicht fruchtet und Ahas an seinem Entschluß festhält, bei der assyrischen Großmacht Hilfe zu suchen, stellt Jesaja sich dem König ein zweites Mal entgegen und bietet ihm in Jahwes Namen ein Zeichen an (Jes 7,11). Doch Ahas lehnt dieses Angebot ab (Jes 7,12), woraufhin Jesaja zu ihm spricht:

»(13) Wohlan, so hört, ihr vom Hause David: Ist es euch zu wenig, Menschen zu ermüden, daß ihr auch meinen Gott ermüdet? (14a) Darum wird euch der Herr selbst ein Zeichen geben: (b) Siehe, eine junge Frau (’*alma*) ist schwanger und wird einen Sohn gebären, den wird sie nennen Immanuel (= ›Gott mit uns‹). (15) [Butter und Honig wird er essen, wenn er weiß Böses zu verwerfen und Gutes zu erwählen.] (16a) Ja, ehe der Knabe lernt Böses verwerfen und Gutes erwählen, (b) wird das Land verlassen sein [vor dessen beiden Königen dir graut]. (17a) Bringen wird Jahwe über dich und über dein Volk und deines Vaters Haus Tage, wie es sie nicht gegeben hat seit dem Tage, da Ephraim von Juda abfiel (b) [den König von Assur].«

Über die Bedeutung dieser Worte ist lange gerätselt worden. Drei unterschiedliche Antworten auf die Frage, wer mit dem »Sohn« gemeint sei, lassen sich im wesentlichen unterscheiden (zum Folgenden vgl. Kilian 1983: 15–26): a) eine messianische Gestalt, b) Hiskia, der Sohn des Ahas, c) ein Sohn Jesajas (vgl. Jes 7,3; 8,1–4). Keine dieser Interpretationen läßt sich jedoch halten:

a) Das messianische Verständnis, das hier die Geburt eines endzeitlichen Heilskönigs vorausgesagt findet, wird dadurch vereitelt, daß der Gesamtgehalt des Abschnitts *Unheilsbedeutung* besitzt (s. sofort).

b) Die Annahme, mit dem »Sohn« sei das Königskind Hiskia gemeint, läßt sich aus chronologischen Gründen nicht aufrechterhalten. Wie sich aus 2 Kön 16,2 und 18,2 ergibt, bestieg Hiskia mit 25 Jahren den Thron, nachdem sein Vater 16 Jahre (als Alleinherrscher) regiert hatte. Demnach war Hiskia im Jahre 733 v. Chr. bereits neun Jahre alt.

c) Schear-Jaschub und Raubebald-Eilebeute werden im unmittelbaren Kontext von Jes 7,14 ausdrücklich als Söhne Jesajas bezeichnet (vgl. 7,3; 8,3). Daß Jesaja außer diesen beiden während des syrisch-ephraimitischen Krieges noch einen weiteren Sohn bekam, ist demnach unwahrscheinlich.

Da sich die genannten drei Deutungen verbieten, bleiben, je nachdem, ob man den Schluß von Jes 7,16b für ursprünglich oder für
sekundär hält, die beiden folgenden Alternativen übrig (die Frage,
ob V. 15 und V. 17b primär sind oder nicht, kann hier unberücksich-
tigt bleiben):

Ist der Schluß von V. 16b *ursprünglich*, legt sich eine kollektive
Deutung des Immanuel nahe. Der Sinn von Jes 7,14–17 läßt sich
dann so formulieren: Zwar wird die von den antijudäischen Verbündeten ausgehende Bedrohung so bald aufhören, daß Frauen, die
jetzt schwanger sind, ihre Kinder aus Dankbarkeit »Immanuel«
nennen werden. Doch hat der Unglaube des Königs zu Folge, daß
das Leben dieser in einer scheinbar glücklichen Stunde geborenen
Kinder in einem krassen Gegensatz zu ihrem Heilsnamen verlaufen
wird. Denn ehe sie zwischen Gut und Böse unterscheiden können,
werden Verhältnisse herrschen, die nur mit denen beim Zerfall des
Reiches nach Salomos Tod vergleichbar sind (so Kaiser 1960: 75f).

Kaiser 1981 vertritt die Auffassung, in Jes 7,10–14a.17a liege die (nichtjesa-
janische) Grundschicht von Jes 7,10–17 vor. Diese sei später von einer »mes-
sianisch-heilseschatologischen Bearbeitung« (S. 119) um V. 14b–16b (bis
»verlassen sein«) erweitert worden (vgl. S. 150–167). Zur Fragwürdigkeit
dieser These vgl. zusammenfassend Kilian 1983: 13f.

Ist der Schluß von V. 16b *sekundär*, dann wird das Land *Juda* verlassen sein, und in V. 14–17 entfällt jegliche Heilszusage. In diesem
Fall ließe sich sogar fragen, ob V. 14b so zu verstehen sei, »daß man
in Kürze … den *Hilferuf* ›Immanuel‹ ausstoßen wird, dem der König sich … in seinem wohl hergebrachten Sinn als *Vertrauens*aussage
verschließt« (Lescow 1967: 176; vgl. 180).

Fazit: Wie man sich literarkritisch auch entscheidet – deutlich ist,
daß der Kontext von Jes 7,14 in der Sicht des Propheten ein zumindest noch zu Lebzeiten des Ahas eintretendes Ereignis erfordert.
Eine *christologische* Deutung von Jes 7,14 ist also ausgeschlossen. Sie
ist auch deswegen absurd, weil der erste Evangelist Jesus als Sohn
einer Jungfrau auffaßt und sich dafür auf die griechische Übersetzung des Alten Testaments beruft. Im hebräischen Original steht
aber gar nicht »Jungfrau«, sondern »junge Frau«. Darauf haben sich
die Juden zu allen Zeiten berufen und zu Recht die christologische
Interpretation des Matthäusevangeliums beanstandet.

Man wird sich die Entwicklung so vorzustellen haben, daß die
frühen Christen die Idee einer Jungfrauengeburt des Messias aus der

hellenistisch-jüdischen Umwelt übernommen haben (vgl. Koester 1990: 306f) und Mt sie dann in der griechischen Übersetzung des Alten Testaments »entdeckte« (vgl. neben Mt 1,22 noch Lk 2,27).

Schon Hermann Samuel Reimarus, auf dessen Bedeutung für die Bibelexegese ich später zurückkommen werde (s. unten S. 55), hat über die willkürliche Deutung von Jes 7,14 ein vernichtendes Urteil gefällt:

»Der Prophet Jesaias wird für den vornehmsten Evangelisten gehalten, und kein Ort wird von des Messiä Zukunft ins Fleisch stärker angedrungen, als der den auch Matthäus anführt: *Siehe, eine Jungfrau wird schwanger seyn und wird einen Sohn gebären, des Name wird sie heissen Immanuel.* Diesen Sohn setzte Jesaias dem König Ahas zum Zeichen und zur Versicherung, daß er in kurtzer Zeit von den Königen in Israel und Damaskus, die wieder Jerusalem heraufgezogen waren, nichts weiter zu befürchten habe[n]. Denn *ehe dieser Knab wird wissen Böses zu verwerffen und Gutes zu erwehlen, wird das Land, dafür dir grauet, verlassen seyn von seinen zween Königen.* Hier ist ja wohl klar genug, daß keine Geburt eines Knaben kann gemeynt seyn, der erst 700 Jahr nachher zur Welt kommen sollte. Denn die Verlassung der Länder Israel und Damaskus sollte eher geschehen, ehe der Knabe lernte Böses verwerffen und Gutes wehlen. Das heist ja nicht über 700 Jahre. Und was ist natürlicher, als daß ein Zeichen, welches zur Versicherung von dem Zukünftigen gegeben ward, vor dem Zukünftigen vorhergehen, oder vorhergegangen seyn muste? Wie hätte der ungläubige, abgöttische König durch ein viel weiter entferntes Wunder, davon er nichts wuste oder glaubte, von der Gewißheit dessen, was ihm so nahe bevorstund, können überzeugt werden? Hierauf bestehen die Juden billig, und die christlichen Ausleger martern sich vergeblich, und können auf keine Weise eine genugthuende Antwort geben« (1972a: 735f).

Beispiel 2: Jes 52,13–53,12

Bis in die Gegenwart hinein wird dieser Text als Prophezeiung des Leidens Jesu verstanden. Ein kurzer Blick auf seinen Ursprung und seinen historischen Zusammenhang macht jedoch auch in diesem Fall eine christologische Deutung unmöglich:

Das Jesajabuch ist kein einheitliches literarisches Gebilde, sondern eine im Laufe von Jahrhunderten entstandene Sammlung von prophetischen Texten. Nur im ersten Komplex des Buches (Kap. 1–39) spricht und handelt der Prophet Jesaja (zweite Hälfte des 8. Jh.s v. Chr.); der zweite Teil (Kap. 40–55) enthält dagegen die Botschaft eines unbekannten Propheten der Exilszeit, für den sich in der wissenschaftlichen Forschung die Bezeichnung Deuterojesaja

(»Zweiter Jesaja«) eingebürgert hat und dessen Hauptthema die Verheißung ist, daß Jahwe die Deportierten aus Babylonien in die Heimat zurückführen werde. Den Kern des dritten Teils (Kap. 56–66) bildet die Verkündigung eines ebenfalls unbekannten Propheten, der Tritojesaja (»Dritter Jesaja«) genannt wird und wahrscheinlich um 530 v. Chr. in Palästina gewirkt hat.

Vom Kontext des zweiten Komplexes heben sich die sog. »Gottesknechtslieder« (Jes 42,1–4[-9]; 49,1–6[-13]; 50,4–9[-11]; 52,13–53,12) als eine selbständige und zusammenhängende Schicht ab. Den Schluß- und Höhepunkt bildet das vierte Lied, in dem zwei Jahwe-Reden (52,13–15; 53,11 b–12) das Bekenntnis einer »Wir«-Gruppe umrahmen:

»(52,13) Siehe, meinem Knecht wird's gelingen, er wird erhöht und sehr hoch erhoben sein. (14) Wie sich viele über ihn entsetzten, weil seine Gestalt häßlicher war als die anderer Leute und sein Aussehen als das der Menschenkinder, (15) so wird er viele Heiden besprengen, daß auch Könige werden ihren Mund vor ihm zuhalten. Denn denen nichts davon verkündet ist, die werden es nun sehen, und die nichts davon gehört haben, die werden es merken.

(53,1) Aber wer glaubt dem, was uns verkündet wurde, und wem ist der Arm Jahwes offenbart? (2) Er schoß auf vor ihm wie ein Reis und wie eine Wurzel aus dürrem Erdreich. Er hatte keine Gestalt und Hoheit. Wir sahen ihn, aber da war keine Gestalt, die uns gefallen hätte. (3) Er war der Allerverachtetste und Unwerteste, voller Schmerzen und Krankheit. Er war so verachtet, daß man das Angesicht vor ihm verbarg; darum haben wir ihn für nichts geachtet. (4) Fürwahr, er trug unsere Krankheit und lud auf sich unsere Schmerzen. Wir aber hielten ihn für den, der geplagt und von Gott geschlagen und gemartert wäre. (5) Aber er ist um unserer Missetat willen verwundet und um unserer Sünde willen zerschlagen. Die Strafe liegt auf ihm, auf daß wir Frieden hätten, und durch seine Wunden sind wir geheilt. (6) Wir gingen alle in die Irre wie Schafe, ein jeder sah auf seinen Weg. Aber Jahwe warf unser aller Sünde auf ihn. (7) Als er gemartert ward, litt er doch willig und tat seinen Mund nicht auf wie ein Lamm, das zur Schlachtbank geführt wird; und wie ein Schaf, das verstummt vor seinem Scherer, tat er seinen Mund nicht auf. (8) Er ist aus Angst und Gericht hinweggenommen. Wer aber kann sein Geschick ermessen? Denn er ist aus dem Lande der Lebendigen hinweggerissen, da er für die Missetat meines Volkes geplagt war. (9) Und man gab ihm sein Grab bei Gottlosen und bei Übeltätern [M: bei Reichen], als er gestorben war, wiewohl er niemand Unrecht getan hat und kein Betrug in seinem Munde gewesen ist. So wollte ihn Jahwe zerschlagen mit Krankheit. (10) Wenn er sein Leben zum Schuldopfer gegeben hat, wird er Nachkommen haben und in die Länge leben, und Jahwes Plan wird durch seine Hand gelingen. (11) Weil seine Seele sich abgemüht hat, wird er das Licht schauen und die Fülle haben.

Und durch seine Erkenntnis wird er, mein Knecht, der Gerechte, den Vielen Gerechtigkeit schaffen; denn er trägt ihre Sünden. (12) Darum will ich ihm die Vielen zur Beute geben, und er soll die Starken zum Raube haben, dafür daß er sein Leben in den Tod gegeben hat und den Übeltätern gleichgerechnet ist und er die Sünde der Vielen getragen hat und für die Übeltäter gebeten.«

Dieser noch heute in jedem Karfreitagsgottesdienst rezitierte Text wird dem Kirchenvolk als Prophezeiung des Leidens Jesu präsentiert. In der modernen Exegese spielt diese Deutung dagegen keine Rolle mehr. Dennoch ist nach wie vor umstritten, wen Deuterojesaja mit dem Knecht Jahwes tatsächlich gemeint hat und ob er auf ihn zurückblickt, ihn erwartet oder ihn als Zeitgenossen versteht.

Drei verschiedene Deutungen lassen sich unterscheiden: a) eine kollektive, b) eine individuell-prophetische und c) eine individuell-königliche. Im folgenden seien in aller Kürze die wichtigsten Argumente für und gegen diese Deutungen genannt (vgl. dazu Koch 1988: 147–150).

a) Die Vertreter der kollektiven Deutung, die im Gottesknecht das vorfindliche bzw. das ideale Israel oder eine wesentliche Teilgruppe (die Exilsgemeinde) sehen, verweisen darauf, daß Israel an anderen Stellen des Deuterojesajabuches ausdrücklich als »Knecht« bezeichnet wird (vgl. 41,8; 44,1f.21; in 49,3 ist »Israel« ein späterer Zusatz). Gegen diese Interpretation spricht aber, daß dem Knecht mit der Aufgabe, »die Stämme Jakobs aufzurichten und die Zerstreuten Israels wiederzubringen« (49,6), also die Deportierten aus dem babylonischen Exil zu befreien, ein deutliches Handeln *an* Israel zugewiesen wird.

b) Die Annahme, daß sich hinter dem Knecht eine prophetische Gestalt, eventuell Deuterojesaja selbst, verberge, stützt sich auf die Aussagen, daß die Inseln auf seine »Weisung« warten (42,4), daß ihm von Jahwe ein »Mund wie ein scharfes Schwert« gegeben wurde (49,2) und daß er wie Mose, der in der Exilszeit als Prophet galt, einen Bund schließt (42,6). Sie leidet allerdings darunter, daß der Knecht keine nur für einen Propheten charakteristischen Züge trägt und er einen Botendienst im Auftrage Jahwes gerade nicht ausführt.

c) Für die individuell-königliche Deutung sprechen die höfische Präsentation des Knechtes durch Jahwe (42,1; 52,13–15) und Parallelmotive aus der Königsideologie (Berufung im Mutterleib; Anrede als »erwählter Knecht«, den Gott bei der Hand ergreift; Verbindung von Geistverleihung, Rechtsprechung und Fürsorge), gegen sie, daß der Knecht nirgends als »König« bezeichnet wird und daß ihm jeder kriegerische Zug fehlt.

Eine Entscheidung darüber, wer der Knecht Jahwes ist, läßt sich also nicht mit Sicherheit treffen. Aber gleichgültig, ob man einer der drei Möglichkeiten den Vorzug gibt oder die Frage offenläßt – deutlich ist, daß die Lieder in ihrem historischen Zusammenhang gesehen und interpretiert werden müssen und daß sie, wie die gesamte Verkündigung Deuterojesajas, die durch das Exil bestimmte Gegenwartssituation des Propheten voraussetzen und in sie hineingesprochen sind.

Wen auch immer Deuterojesaja also mit dem Knecht meinte, an *Jesus* und die Vorgänge, die die Christen später als Erfüllung seiner Worte verstanden, hat er sicher nicht gedacht. Das geht schon daraus hervor, daß Jesus selbst nichts von der hauptsächlichen Aufgabe des Gottesknechts als seine eigene angesehen hat, »nämlich die zwangsverschleppten Israeliten zu befreien und nach Palästina einzuführen sowie einen neuen Staat und neuen Kult zu gründen« (Koch 1988: 150).

Oft wird dagegen vorgebracht, die Weissagung habe sich anders erfüllt als erwartet bzw. erst von der Erfüllung her sei sie in ihrem eigentlichen Sinn durchsichtig geworden. Wer so argumentiert, entleert nicht nur den Begriff Weissagung, der als Voraussage eines zukünftigen Geschehens zu verstehen ist, sondern nimmt den Text auch gegen die ursprüngliche Intention seines Vf.s für sich in Anspruch.

In der Periode vor der Aufklärung konnte mit gutem Gewissen so mit dem Alten Testament umgegangen werden. Auch Martin Luthers Schriftauslegung gehört noch in diese Zeit. Heute ist dagegen ein derartiger Gebrauch des Alten Testaments *wider besseres Wissen* ausgeschlossen (vgl. Gunneweg 1977).

Zur Vorstellung der Bibel als Wort Gottes

Das Alte Testament sowie das Neue Testament bzw. ihre Bestandteile werden im Vorwort der revidierten Lutherbibel explizit als Wort Gottes betrachtet, und beide gelten als Heilige Schrift. Zwar schreibt noch ein moderner Systematiker, es sei verfehlt zu sagen, die »Heilige Schrift *enthalte* Gottes Wort in menschlicher Rede« (Slenczka 1991: 59), *sei* aber nicht Wort Gottes, denn mit jener »Auffassung werden Geist und Buchstaben in der Heiligen Schrift getrennt« (ebd.). Vielmehr gelte: »*Die Heilige Schrift Alten und Neuen Testaments ist das Wort des Dreieinigen Gottes, in dem er sich zu erkennen gibt, durch das er gegenwärtig ist, spricht und handelt*« (S. 38). Doch findet diese Meinung in der evangelischen wissenschaftlichen Theologie überwiegend keine Zustimmung mehr und entspricht eher römisch-katholischem Denken, dem zufolge gilt: »Die Heiligen Schriften enthalten das Wort Gottes und, weil inspiriert, sind sie wahrhaftig Wort Gottes« (Lohfink 1967: 17 Anm. 9; Katechismus der katholischen Kirche Nr. 135). Denn im protestantischen Lager wird die Auffassung der Bibel als Wort Gottes – anders als in den soeben zitierten Voten – heute zumeist nicht mehr im wörtlichen Sinne vertreten. Vielmehr zieht man Formulierungen vor wie: Gottes Wort in, mit, unter Menschenwort oder ähnlich. So ist z. B. im Evangelischen Erwachsenenkatechismus zu lesen: »Der christliche Glaube lebt davon, daß Gott mit dem Menschen redet und handelt. Das ursprüngliche und maßgebliche Zeugnis ist die Bibel. Durch Menschenwort hindurch bringt sie Gottes Wort zur Sprache« (1975: 39f); »Gottes Wort steht *nicht hinter den Worten* der Bibel, so daß wir es erst herausdestillieren müßten; Gott redet zu uns *im Wort* der Bibel, wie es ist; hier läßt er sich von uns finden« (S. 1266). In ähnlicher Weise äußerte sich der gegenwärtige Hannoversche Landesbischof Horst Hirschler in einem Interview mit dem von ihm selbst herausgegebenen »Sonntagsblatt« (8 / 1996: 29), indem er sagte, jeder Theologe lerne »zu Beginn seines Studiums, daß in der Bibel Gottes Wort als Menschenwort enthalten ist«. Aber, was heißt hier konkret Gott und Gottes Wort? *Spricht* Gott etwa? Zwar sagen die Propheten, Gott habe sie beauftragt, sein Wort an bestimmte Menschen auszurichten. Doch ist sogleich hinzuzufügen: Die Propheten *dachten*, daß es so sei. Wir aber wissen, daß sie es nur so dachten. Mit anderen Worten, es war ihre eigene Deutung eines religiösen Erlebens. Von dort bis hin zur Behauptung, Gott habe hier wirklich gesprochen, ist ein sehr weiter Weg, der dem Menschen nach der Aufklärung schwerlich nachvollziehbar ist.

Zur Harmonisierung der biblischen Schriften
Gegenüber der im Vorwort zur revidierten Lutherbibel faktisch vorgenommenen Harmonisierung der biblischen Schriften ist rundweg zu protestieren, denn in der Bibel steht vieles nebeneinander, was ursprünglich einander ausschließen sollte. So hat ein Fälscher den Zweiten Thessalonicherbrief von vornherein als Ersatz des Er-

sten komponiert und dreist diesen selbst eine Fälschung genannt, um den Erfolg seines Unternehmens sicherzustellen (vgl. Lüdemann 1995: 113–127). Ferner kommt hinsichtlich der vier Evangelien der begründete Verdacht auf, daß das Johannesevangelium die drei älteren Evangelien, Matthäus, Markus und Lukas, nicht ergänzen, sondern *ersetzen* wollte (vgl. Windisch 1926). Matthäus und Lukas wiederum haben das Markusevangelium benutzt, nicht etwa, damit es fortan mehrere Evangelien nebeneinander gebe, sondern um ihrer jeweiligen Kirche die *eine* gültige Evangelienschrift zu bieten. Einige nachfolgende christliche Generationen haben es ihnen gelohnt, denn die Benutzung des Markusevangeliums *nach* Abfassung des Matthäus- sowie des Lukasevangeliums und ihrer Verbreitung geschah außerordentlich selten. Dies änderte sich erst, als das Markusevangelium Bestandteil des Viererevangeliums und anschließend Teil des Kanons wurde. In dem Moment, in dem die biblischen Dokumente kanonisiert wurden, haben sie jedoch als Einzelzeugnisse zu existieren aufgehört. Vgl. das Votum von Franz Overbeck:

»Es liegt im Wesen aller Kanonisation, ihre Objecte unkenntlich zu machen, und so kann man dann auch von allen Schriften unseres neuen Testamentes sagen, dass sie im Augenblick ihrer Kanonisierung aufgehört haben, verstanden zu werden. Sie sind in die höhere Sphäre einer ewigen Norm für die Kirche versetzt worden, nicht ohne dass sich über ihre Entstehung, ihre ursprünglichen Beziehungen und ihren ursprünglichen Sinn, ein dichter Schleier gebreitet hätte« (1880: 1).

Was gilt also? Die Einzeldokumente lesen und zu verstehen suchen? Dann gehört der Kanon abgeschafft. Die Dokumente im Rahmen des Kanons lesen (vgl. die Beispiele bei Lüdemann 1995: 265 Anm. 297)? Dann betreiben wir eine Auslegung gegen die einzelnen Zeugnisse, was aus Respekt vor den damals schreibenden und sprechenden Personen auszuschließen ist. Die Ausweglosigkeit des heutigen Umgangs mit der Bibel im wissenschaftlichen, aber auch im offiziellen kirchlichen Raum schreit förmlich nach einem anderen Zugang zu ihr.

Im Interesse der Ehrlichkeit sollten vorweg alle Versuche aufgegeben werden, die Bibel sowohl als Menschen- als auch als Gotteswort anzusehen. Denn welcher Teil der Bibel stellt Menschen- und welcher Gotteswort dar? Überdies wird dabei nicht beachtet, daß Gott immer nur in menschlich vermittelter Rede und Tat erscheint.

D.h., wir haben es immer nur mit Gottes*bildern* zu tun, mit menschlichen Ansprüchen, daß Gott hier und da gehandelt oder geredet habe. Wer sagt, die Bibel enthalte Menschenwort *und* Gotteswort, bedient sich derselben unklaren Ausdrucksweise, wie sie auch in der gedankenlosen Rede von »Kreuz und Auferstehung Jesu« begegnet. In beiden Fällen sind Menschenwort und Gotteswort sowie Kreuz und Auferstehung, um die Begrifflichkeit Ludwig Wittgensteins zu gebrauchen, nach der Oberflächengrammatik parallel gebildet, nach der Tiefengrammatik aber unterschiedlich. Menschenwort und Kreuz bezeichnen historische Gegebenheiten, Gotteswort und Auferstehung aber jeweils die Deutungen. Die beiden Ausdrucksweisen »Menschenwort und Gotteswort« sowie »Kreuz und Auferstehung« suggerieren demnach eine Entsprechung, die gar nicht besteht. Der unvoreingenommene Hörer sieht sich schlichtweg getäuscht, sobald er über den wahren Sachverhalt aufgeklärt wird.

Widerlegbarkeit als Kriterium für eine wissenschaftliche Aussage

Wenn Theologen heutzutage gedankenlos vom Handeln Gottes sprechen, so machen sie sich nicht klar, daß außerhalb der Theologie in den historisch-philologischen Wissenschaften niemand mehr von Gottes Handeln in der Geschichte spricht. Und das ist gut so, denn Gott wurde ohnehin zu oft als Lückenbüßer eingeführt, der dazu diente, die eigene Auffassung gegenüber anderen zu verteidigen.

Man kann es nicht oft genug sagen: Gott ist kein Gegenstand historischer oder wissenschaftlicher Forschung, es sei denn, die mit Gott bezeichnete Größe wäre falsifizierbar. Daher ist der Versuch, die Bibel als Menschen- und Gotteswort zu verstehen, durch und durch apologetisch. Er läßt sich in der auf Gott bezogenen Seite nie widerlegen.

Alle wissenschaftlichen Aussagen haben immer nur einen hypothetischen Charakter. Wissenschaftliche Bemühungen sind daher entscheidend darauf angewiesen, daß ihre Hypothesen und Entwürfe der Prüfung ausgesetzt werden. Ihre Konsequenzen müssen mit den tatsächlichen Gegebenheiten konfrontiert werden können. Zwar ist mit jeder Beobachtung deren Interpretation immer schon verflochten, doch jeder Erkenntnisfortschritt nähert sich den tatsächlichen Gegebenheiten weiter an.

An dieser Stelle hat Hans Albert seine wissenschaftstheoretischen Einwände gegenüber Philosophie und Theologie geltend gemacht.

Er wendet sich gegen alle Versuche, aus letzten Gewißheiten eine sichere Erkenntnis ableiten zu wollen. Seine besondere Kritik gilt der »verstehenden Vernunft«, die sich der Theologie als Dienstmagd anbietet.

»In diesem Zusammenhang wird oft ein fundamentaler Unterschied zwischen Glaube und Wissen behauptet. Im Bereich des Wissens, vor allem in der Wissenschaft, scheint die Vernunft, das rationale Denken, eine ganz andere Funktion zu haben, als im Bereich des sogenannten Glaubens. Während im ersten Bereich eine kritische Vernuft am Platze ist, neigt man im zweiten eher dazu, sich für eine deutende, verstehende, hermeneutische Vernunft auszusprechen oder gar die hier adäquate Verfahrensweise von der der Vernunft überhaupt abzusetzen… In diesem Bereich ist man sogar unter Umständen bereit, die Logik außer Gefecht zu setzen, damit echte Widersprüche akzeptabel werden« (Albert 1973: 25).

Die Grundsatzkritik Alberts ist auch gegenüber der Theologie im Recht: Mit hermeneutischen, d.h. auf Verstehen angelegten Verfahren läßt sich künstlich ein Bereich von letzten Gewißheiten herstellen. Willkürlich erfolgt vielfach auch die Grenzziehung zwischen zu bewahrenden Kerngedanken und dem nebensächlichen Gedankengut, das der Diskussion und Kritik ausgesetzt werden kann. Dieser hermeneutisch abgestützte Diskussionsabbruch wird mit einer ganzen Legion von Varianten gekrönt. Ihre krasse Unterschiedenheit voneinander verblüfft die Leserschaft: Die Willkür, in der die Grenzziehung zwischen den zu dogmatisierenden Kerngedanken und dem peripheren, der Kritik unterziehbaren Gedankengut erfolgt, ist schrankenlos: Texte lassen sich gänzlich vor Kritik schützen, indem sie nur als *Vorgaben* für unser Verstehen fungieren. Aus ihrer Vorgegebenheit folgt allzu schnell ihre angebliche Unangreifbarkeit. Dies hat zur Folge, daß unsere heutige, an den Texten unumgängliche Kritik nicht als Änderung vorgebracht werden darf, sondern allenfalls im Gewande von Interpretationen geäußert wird (vgl. Albert 1973: 18). Diese »Maskerade« der Interpretation macht eine aufrichtige Kritik an den Texten unmöglich und nimmt sie als Dokumente ihrer eigenen Zeit nicht mehr ernst.

So betrachtet, erscheint auch das Unternehmen der Entmythologisierung durch Rudolf Bultmann als ein Rückzugsgefecht. Seine Funktion besteht darin, das, was von Bultmann als Kerygma, d.h. als Verkündigung, angesehen wird, unangreifbar zu machen, nämlich gegen jede Kritik zu immunisieren. So möchte er den angeblichen Kern des christlichen Glaubens durch eine mit dem heutigen Weltbild harmonisierende Interpretation retten. Problematisch ist jedoch, daß Bultmann das Heilsgeschehen als eine Tat Gottes deutet. Diese Deutung ist aber bereits das *Resultat* seiner existentialen Interpretation. Seine Rede vom Handeln Gottes ist schlechterdings leer, wenn Bultmann das dem Kerygma entsprechende kosmologische Weltbild, in dem allein ein geschichtliches Handeln Gottes plausibel ist, existential interpretiert und Kosmologie durch Anthropologie ersetzt.

In diesem Kontext erfährt nun der zur Rettung bzw. Dogmatisierung bestimmte Gedanke der Auferstehung eine so vollständige Entleerung, daß er mit keiner möglichen Tatsache mehr zusammenprallen kann. Er bleibt, ohne daß ihm eine Spur von empirischem Gehalt anhaftet, als Worthülse zurück.

Als Beispiel einer plump-durchtriebenen Spielart der Emporhebung des Auferstehungsgedankens in die wolkigen Sphären des Dogmas sei auf das von Albert (1969: 126 Anm. 59) kommentierte Gespräch des SPIEGEL-Redakteurs Werner Harenberg mit dem ehemaligen Göttinger Neutestamentler Hans Conzelmann aufmerksam gemacht. Auf die Frage, ob Jesus auferstanden sei oder nicht, antwortet Conzelmann:

»›Wer so fragt... der fragt in Wirklichkeit gar nicht, sondern weiß schon im voraus, was Auferstehung sei‹ – ein... erstaunlicher Satz! Wenn man fragt, ob Spartakus einen Aufstand gemacht hat, ›weiß‹ man ja vermutlich auch ›im voraus‹, ›was ein Aufstand sei‹, d. h. wie das Wort ›Aufstand‹ zu verwenden ist. ›Völlig sinnlos ist die Frage‹, fährt er dann fort, ›ob die Auferstehung eine geschichtliche Tatsache, ob sie ein Vorgang in Raum und Zeit sei. Sachlich bedeutsam ist nur das eine, daß der Gekreuzigte nicht vernichtet ist, daß er da ist..., daß er der Herr ist, daß also die Welt unter der Bestimmung des Kreuzes steht. Denn der Auferstandene ist der Gekreuzigte. Nur als solcher ist er für uns zu sehen‹.«

Albert bemerkt dazu:

»Die Arroganz, mit der die Frage abgewiesen wird, ist frappierend. Schließlich könnte sie von dem schlichten Interesse diktiert sein, herauszubekommen, was man als Christ denn nun heute glauben solle. Möglicherweise verbindet man auch mit ›Auferstehung‹ eine einigermaßen bestimmte, wenn auch naive Vorstellung, wie sie vermutlich die meisten Christen bis auf den heutigen Tag gehabt haben. Da wird man dann von einem Experten mit der These abgefertigt, die Frage sei sinnlos... Was dann als sachlich bedeutsam

herausgestellt wird, ist sicher nicht klarer als die Frage nach der Auferstehung. Daß aber diese nicht bedeutsam sei, kann eigentlich nur jemand behaupten, dem es völlig gleichgültig ist, ob den Aussagen der Bibel irgendein
Wahrheitswert im üblichen Sinne zukommt. Unter semantischem Gesichtspunkt ist die Conzelmannsche Antwort mindestens so naiv wie die Frage,
die er so selbstbewußt abtut. An jeden seiner Sätze lassen sich höchst peinli-
che Fragen knüpfen, die nur deshalb hier unterschlagen werden können,
weil die Schlamperei, die in dieser Hinsicht unter dem Einfluß des hermeneutischen Irrationalismus eingerissen ist, davon abzuhalten scheint« (Albert 1969: 126f Anm. 59).

Schließlich haben auch die Auseinandersetzungen Gerhard Ebelings und Wolfhart Pannenbergs mit Hans Albert nicht zu der er-
hofften Klarheit geführt.

Pannenberg bejahte grundsätzlich den Ansatz Alberts, versuchte
ihm aber sogleich durch die Hintertür wieder zu entkommen. Einzelne historische Ereignisse möchte er nicht der Kritik Alberts ausgesetzt sehen (Pannenberg 1973: 60ff). Er behauptet stattdessen, ihre
zeitlich bestimmte einmalige Individualität und ihre kontingente
Abfolge machten sie unwiederholbar und so nicht abschließend
durch Verifikation oder Falsifikation überprüfbar. Er argumentiert
hier wohl mit der unbenannten Voraussetzung, daß es sich auch bei
der von ihm postulierten Auferstehung Jesu tatsächlich um ein sin-
guläres historisches, von Menschen nicht überprüfbares Ereignis
handele. Doch geht nach allgemeinen Konsens das historische »Ereignis« der Auferstehung Jesu auf Visionen der ersten Jünger und
Jüngerinnen zurück (vgl. Lüdemann 1994), so daß Pannenbergs
Voraussetzung mehr als fragwürdig, ja absurd ist.

Ebeling ließ sich zu mancherlei Spitzenaussagen gegen Alberts
kritischen Rationalismus verleiten, die leider die Sachebene, auf der
sich Albert um Klärung bemühte, kaum berührten. Seine Antwort-
schrift an Albert (Ebeling 1973) demonstriert noch einmal anschau-
lich die Berechtigung der von Albert scharf vorgetragenen Kritik an
der protestantischen Theologie. Ebeling erklärt dort ganz grundsätzlich: »Das Argumentieren mit dem Besitz oder auch der Uner-
reichbarkeit eines absoluten und darum zugleich universalen Stand-
orts geht an der faktischen Erkenntnis- und Lebenssituation im
unendlichen Zusammenhang des Endlichen vorbei« (Ebeling 1973:
3).

Was will Ebeling hier sagen? Sieht er nicht, daß ein großer Unterschied darin besteht, ob man meint, einen universalen und sicheren

Standort beziehen zu können, oder ob man diesen mit Albert als unerreichbar ausweist? Das Wissen Ebelings von der Endlichkeit aller Erkenntnis im unendlichen Lebenszusammenhang kann den Unterschied zwischen dem Besitz eines sicheren Standortes und der Kritik an diesem Besitz noch lange nicht aufheben. Oder meint Ebeling gar, wir sollten zugunsten dieser Einsicht ganz auf jegliche sinnvolle Argumentation verzichten?

Fazit: Alberts erkenntnistheoretische Einwände gegen die hermeneutischen Unternehmungen in der Theologie sind noch lange nicht beantwortet. Noch immer werden in der Theologie ihre zahlreichen Diskussionsabbrüche mit semantischer Verschlagenheit getarnt, um liebgewonnene und als besonders wichtig erachtete Überzeugungen wie die von der Auferstehung Jesu oder die vom Menschen- und Gotteswortcharakter der Bibel dem Anwendungsbereich philosophisch-kritischer Prüfung zu entziehen. Die Sicherung der einmal erworbenen Glaubenswahrheiten hat Vorrang vor jeder kritischen Prüfung. Allzuoft wird in der zeitgenössischen theologischen Literatur die notwendige intellektuelle Klarheit zugunsten des Versuchs geopfert, die Zustimmung zu den Dogmen vom Menschen- und Gotteswort in der Bibel und von der Auferstehung Jesu zu erschleichen. Letztlich wird so jedoch nur die eigene Unwissenheit gegen einen möglichen Erkenntnisfortschritt zementiert. Alternative profane Erklärungshypothesen, geschweige denn klare religionskritische Gedanken wie die Ludwig Feuerbachs oder Friedrich Nietzsches, können auf dem Boden eines dogmatisch motivierten Diskussionsabbruchs keinen Raum gewinnen und daher nichts zu einem endlich notwendigen Neuaufbruch von Theologie und Kirche beitragen.

Der vorkritische Gebrauch der Bibel
in der EKD-Denkschrift »Glauben heute«

Bis heute bindet der offizielle Protestantismus als Kirche der Reformation sein Verständnis von Christsein eng an die Bibel. So handelt die im Auftrag des Synode der Evangelischen Kirche in Deutschland 1988 in hoher Auflage herausgegebene Schrift »Glauben heute. Christ werden – Christ bleiben« gleich zu Anfang davon, was ein Christ im biblischen Sinn sei, denn wir »erfahren aus der Bibel, worin das Christsein besteht« (S. 13), und: »Christen sind zunächst einmal Menschen, die sich bemühen, im biblischen Sinne Christen zu sein« (S. 12). Doch folgt dann nur ein Sammelsurium biblischer

Zitate, aus denen lediglich ein höchst selektiver Gebrauch der Bibel deutlich wird; keine einzige Einsicht der historischen Bibelkritik findet sich in dieser für die christlichen Gemeinden und die Öffentlichkeit publizierten Denkschrift, obwohl an ihr Bibelwissenschaftler mitgearbeitet haben.

Die Gegenprobe für diese doch recht erstaunliche Feststellung ist die Frage, ob die die Bibel betreffenden Partien dieser Schrift auch im 16. Jh. hätten verfaßt werden können. Sie ist zweifellos zu bejahen.

In der Denkschrift heißt es: »Christen erwarten das Reich Gottes und richten ihr Leben darauf aus« (S. 11). Hier wird verheimlicht, daß die Erwartung des Reiches Gottes unter den ersten Christen, die sich zugleich als die *letzten* Christen verstanden, enttäuscht worden ist. Das eindeutigste Indiz für die Naherwartung der Christen ist der Erste Thessalonicherbrief des Paulus, der in Kap. 4 wie selbstverständlich von einem Überleben der damaligen Gemeindeglieder bis zur Wiederkunft Jesu ausgeht. V. 15: »wir, die wir leben bis zur Ankunft des Herrn«; V. 17: »wir, die wir leben und übrigbleiben« (vgl. Lüdemann 1995: 86–92). Wie sollen dann aber 2000 Jahre danach die Christen immer noch auf das Reich Gottes warten? Das ist doch die Frage, die heutigen Menschen auf den Nägeln brennt. Sie lassen sich durch den obigen Satz der Denkschrift nicht an der Nase herumführen, sondern erwarten ehrliche Antworten *vor* den Belehrungen darüber, wer heute ein Christ sei.

Die Denkschrift führt aus: »Christen sind zunächst einmal Menschen, die sich bemühen, im biblischen Sinne Christen zu sein« (S. 12). Dieser Satz ist so lange unklar, als nicht der Begriff »biblischer Sinn« erläutert wird. Folgende Fragen stellen sich: Ist damit die ganze Bibel gemeint? Nur das Neue Testament? Wie sich aus dem Zusammenhang in der Denkschrift ergibt, zielt »biblischer Sinn« auf die Nachfolge Jesu (S. 12f). Aber wie soll die in der Gegenwart denn aussehen? Und wie verhält sich die Nachfolge Jesu zu der des auferstandenen Christus? Darüber schreiben die Verfasser der Denkschrift: Jesus Christus »ist unser lebendiger Herr, der uns in seine Nachfolge ruft« (S. 18). Der lebendige Herr ruft in die Nachfolge? Der lebendige Herr oder der auferstandene Christus, der zur Rechten Gottes sitzt, – wie kann ich diesem Himmelswesen heute noch nachfolgen? Hier bringt die Denkschrift etwas zusammen, was nicht stimmig ist.

Weiter heißt es: »Wir glauben, daß Jesus Christus am Kreuz für uns gestorben ist... In der Klage: ›Mein Gott, mein Gott, warum hast du mich verlassen?‹ hat er dennoch an Gott festgehalten. Gott hat Jesus Christus von den Toten erweckt« (S. 18). Hier stehen gleich drei unverdaute, historisch fragwürdige Brocken nebeneinander:

a) Der Tod für uns ist als Sühnetod zumindest unverständlich und überdies historisch zweifelhaft, da Jesus gar nicht für die Sünden der Welt sterben wollte. Die Aussagen über die sühnewirkende Kraft seines Todes sind Deutungen der Gemeinde und wurden Jesus nachträglich in den Mund gelegt (vgl. zusammenfassend Friedrich 1982).

b) Die Klage am Kreuz (Mk 15,34) hat Jesus nicht ausgesprochen. *Einerseits* steht sie in Widerspruch zu anderen Ausrufen Jesu am Kreuz; vgl. Lk 23,46: »Vater, ich befehle meinen Geist in deine Hände!« (Ps 31,6); Joh 19,30: »Es ist vollbracht!« *Andererseits* ist die Klage Jesu in Mk 15,34 »eine sekundäre Interpretation von 15,37…, wo einfach die Tatsache eines lauten Schreis erzählt wird« (Bultmann 1995: 304). Diese sekundäre Interpretation orientierte sich an Ps 22,2, wie überhaupt die Kreuzigung *nachträglich* durch Anleihen aus dem alttestamentlichen Psalter bereichert wurde; man vgl. Mk 15,24 / Ps 22,19; Mk 15,27 / Jes 53,12; Mk 15,29 / Ps 22,8; Mk 15,36 / Ps 69,22. »Wenn man die Psalmen liest, die das meiste Material für die Leidensgeschichte geliefert haben, also 22, 31, 69, so fällt in allen drei die Erwähnung des Schreiens auf (22 25 31 23 69 4)« (Dibelius 1971: 187). Diese Stellen prägten die Erzählung von der Todesstunde Jesu. Der Befund, daß bei Mk der Schrei Jesu in seiner aramäischen Fassung gegeben wird, spricht gerade nicht für Historizität, sondern eher dagegen: Es ist ausgeschlossen, daß die römischen Soldaten aus dem aramäisch überlieferten »Elohi« usw. ein Gebet zu Elias herausgehört haben können (so Mk 15,35). Diese Schwierigkeit hat Mt (27,46) beseitigt und aus »Elohi« »Eli« gemacht.

c) Die »Auferweckung Jesu« ist so lange unklar, als nicht genau gesagt wird, was gemeint ist. Ist sie ein historisches Ereignis, das die Wiederbelebung des Leichnams voraussetzt? Oder hatten die Jünger nur Visionen? Gehen diese anders als sonstige Visionen auf Gott zurück? Oder sind sie als Verarbeitungen des Todes Jesu anzusehen? (Vgl. zu diesen Fragen Lüdemann 1994 und die informative Darstellung von Zager 1996.) Wer so naiv wie die Verfasser der Denkschrift von »Auferweckung Jesu« spricht, setzt sich dem Verdacht aus, die Auferstehung nur als unentbehrliches Requisit der Theologie und damit als Leerformel zu behandeln.

Fazit: Die Denkschrift ist in ihrer biblischen Grundlage vorkritisch bzw. vormodern und nicht geeignet, ein wirkliches Bibelstudium zu fördern, geschweige denn, Interesse an der Heiligen Schrift wachzurufen. Es ist daher höchste Zeit, die Bibel menschlich zu verstehen, sie aus ihrem Dornröschenschlaf zu wecken und den Monopolanspruch gründlich zu beseitigen, den die christlichen Kirchen und weite Teile der sog. wissenschaftlichen Theologie in ihrer höchst selektiven Bibelauslegung erfolgreich durchgesetzt haben.

Zur Gliederung

Anders als die Mehrheit der Interpreten der Bibel nähere ich mich ihr von ihrer unbekannten, häßlichen, verdrängten Seite. Ich nehme den Verfasser des Vorworts zur revidierten Lutherübersetzung beim Wort, daß die Bibel allen Menschen die gute Nachricht von Gottes Barmherzigkeit ausrichten will, und prüfe sie daraufhin, ob das historisch wirklich der Fall war und auch heute zutrifft.

Das anschließende *zweite Kapitel* behandelt das Alte Testament. Vorangestellt ist ein Abriß der Geschichte Israels und ein chronologisches Gerüst der im Alten Testament vorausgesetzten Ereignisse sowie der in ihm enthaltenen Schriften, das auf dem Konsens der Forschung beruht. Hernach folgt eine Analyse von Texten, die ein ganz anderes Bild des Alten Testaments widerspiegeln, als daß in ihm die gute Nachricht von der Barmherzigkeit Gottes an alle Menschen übermittelt würde. Es geht um jene Partien, die den Befehl Gottes enthalten, ganze Völker auszurotten.

In einem *dritten Kapitel* wende ich mich dem Neuen Testament zu und biete, ähnlich wie beim alttestamentlichen Teil, zunächst einen Abriß der Geschichte des frühen Christentums. Dies erfolgt anhand einer Einführung in die Probleme der Urkirche und durch eine chronologische Übersicht, die am augenblicklichen internationalen Forschungsstand ausgerichtet ist. Daran schließen sich, ebenso wie im zweiten Kapitel, Einzeluntersuchungen von Texten an, die ebenfalls wenig von Gottes Barmherzigkeit spüren lassen. Es geht um jene Stellen, welche die ungläubigen Juden der damaligen Zeit als Feinde Gottes bezeichnen und sie kurzerhand von seiner Barmherzigkeit ausschließen.

Diese Bemerkungen zum Aufbau mögen zunächst etwas abstrakt klingen. Erst die ausführliche Behandlung, Zitierung und geschichtliche Verankerung der betreffenden Texte führen zu einer Verlebendigung der jeweiligen Situation und regen zum Lernen, Umdenken, ja, zur Aufklärung an. Diese Vorarbeiten sind notwendig, weil die Bibel jahrhundertelang allein in einem kirchlich-dogmatischen Rahmen gelesen wurde und die Begegnung mit dem, was tatsächlich in ihr steht, auch heute nur selten stattfindet.

Ein *viertes Kapitel* nimmt unter der Überschrift »Jesus und die Barmherzigkeit Gottes« zu der Frage Stellung, wie es uns angesichts dieser ruinösen anderen Seite der Heiligen Schrift heute möglich sein kann, weiter Christen zu sein, und empfiehlt die entschlossene Rückbesinnung auf den Nazarener.

Ein *fünftes Kapitel* äußert auf der Grundlage des Erarbeiteten Kritik an der gegenwärtigen Kirche und macht Vorschläge, wie mit der gegenwärtigen Krise umzugehen ist.

Die Einseitigkeiten dieses Buches und ihre Gründe. Aufklärung als erstrebenswertes Ziel auch in der Theologie

Ich nehme bei diesem Buch bewußt Einseitigkeiten in Kauf. Dies ist wegen einer weitverbreiteten parteilichen Einstellung zur Bibel und angesichts der mit ihr verbundenen Verlogenheit einfach notwendig – auch im Interesse der Wahrheit. Denn auch das gehört zur Tragödie unserer heutigen Situation: Vornehmlich beschäftigen sich diejenigen mit der Bibel, die daraus ihren Lebensunterhalt verdienen; dazu kommen noch fünf bis zehn Prozent der Mitglieder der christlichen Kirchen, die aktiv am Gemeindeleben teilnehmen. Die anderen neunzig Prozent, die durch ihre Kirchensteuer die Institution finanzieren, glauben längst nicht mehr alles, was ihnen von der Minderheit über die Bibel gesagt wird, und konsumieren nur noch die Einzelsprüche, die ihnen bei den hohen Feiertagen und Festlichkeiten präsentiert werden. Aber Parteilichkeit oder Eklektizismus sind keine geeignete Basis für eine echte Begegnung mit der Bibel. Gerade deshalb ist um der Bibel willen eine *selbständige* und *unabhängige* Kritik an der Heiligen Schrift und an den Kirchen, die sie für sich beanspruchen, zu fordern.

Diese Kritik hat sowohl den Inhalt der Bibel als auch die Autoritätsansprüche zu betrachten, welche die Kirche mit ihr verbindet. Sie ist der Aufklärung verpflichtet und ruft alle dazu auf, sich des *eigenen* Verstandes zu bedienen (Kant 1966: 53). Immanuel Kant verbindet mit seinem Wahlspruch der Aufklärung noch eine Forderung, die ebenso weitreichende Konsequenzen hat:

Es gilt, »von seiner Vernunft in allen Stücken öffentlich Gebrauch zu machen« (Kant 1966: 55). Der Gebrauch der eigenen Vernunft zur kritischen Prüfung hat Öffentlichkeitscharakter. Von diesem Recht zur *öffentlichen Vernunft* kann man Kant zufolge jedoch nur als Gelehrter im Gegensatz zur *privaten Vernunft* der gesellschaftlichen Funktionsträger Gebrauch machen – eine Unterscheidung, die im demokratischen Gemeinwesen nicht mehr aufrechtzuerhalten ist. Wer Amts- und Funktionsträger in Wirtschaft, Militär, Staat und Kirche, die sich der privaten Vernunft verpflichtet fühlen, von ihrer Verantwortung gegenüber der allgemeinen öffentlichen Vernunft freispricht, die sich heute dem Überleben der Menschheit verpflichtet weiß, der sei auf die Reaktion von Günther Anders angesichts der weltweiten atomaren Bedrohung aufmerksam gemacht:

Wir haben in der Demokratie das verbürgte Recht, als Schuster, als Arzt, als Kumpel, als Fabrikdirektor, als Fabrikarbeiter oder Student, an Entscheidungen mitzuwirken, die mit unserem Arbeitsressort nichts zu tun haben. »Wer das Gewissen der Bürger auf die ihnen zugeteilten Ressorts, auf ihre Ämter, auf ihre Arbeitsfelder einschränkt, der setzt an die Stelle des Gewissens die bloße Gewissenhaftigkeit, die sich auch in Vernichtungslagern bewähren könnte, und dort sich auch bewährt hat. Da wir keine Ursache haben, vorauszusetzen, daß die ›gewissenhaft‹ gezogenen Grenzen der Arbeitsteilung ihr Dasein und ihren Verlauf moralischen Prinzipien verdanken, besteht die entscheidende Funktion unseres Gewissens gerade darin, Kompetenzgrenzen zu ignorieren. Das gilt für jedermann…, nicht allein für uns Wissenschaftler… Der Ruf unseres Gewissens kennt ebensowenig ein ›als‹ wie das Gewissen unserer nichtwissenschaftlichen Mitmenschen« (Anders 1972: 27).

Diese öffentliche Verantwortung kann sich guten Gewissens nicht durch Sachzwänge und Autoritätsansprüche in Ressorts und Reservate eingrenzen lassen. Demzufolge darf sie auch im kirchlichen Bereich keiner Einschränkung unterliegen. Daran ändert sich auch dann nichts, wenn sich Menschen dort als Amtsträger auf die spezifische Arbeitsteilung der Gesellschaft oder darüber hinaus noch auf die Bibelautorität berufen mögen.

Falk Wagner hat zu Recht die Notwendigkeit eingeklagt, alle Autoritätsansprüche vor dem Forum der Vernunft des neuzeitlich-modernen Bewußtseins kritisch zu überprüfen. »Die für das mittelalterlich-scholastische Denken als fraglos vorausgesetzte Autorität der Tradition, des Lehramtes und der biblischen Schriften läßt sich unter der Bedingung der selbstdenkenden Vernunft nur noch als ein allererst zu begründender, zu rechtfertigender und zu kontrollierender Autoritäts*anspruch* formulieren« (1995: 69f), will man sich nicht wieder davon verabschieden, selbst zu denken und Verantwortung zu übernehmen.

Folgerungen für die theologischen Fakultäten der Zukunft

Ist Aufklärung ein erstrebenswertes Ziel auch in der Theologie, so ist klar: Nur durch paritätische Besetzung der für die Bibelauslegung zuständigen Stellen ist echter Fortschritt zu erwarten. D.h. konkret: Nur wenn zukünftige theologische Fakultäten in gleicher Weise sowohl mit kirchlich orientierten Forschern als auch mit solchen aus anderen Religionen *und* mit Religionskritikern (einschließlich Atheisten) besetzt sind, ist ein Erkenntnisfortschritt zu erwarten.

Die heutige Lage der sog. wissenschaftlichen Theologie ist für jedermann sichtbar schon deswegen prekär, weil Theologie in Deutschland konfessionell organisiert ist und selbst Vertreter protestantischer Theologie darum bemüht sind, den konfessionellen Status ihrer Fakultäten noch zu untermauern. Dies geschieht z.B., wenn neuerdings Privatdozenten und neuberufene Professoren in Göttingen wieder folgendes Gelübde aus dem Jahre 1846 ablegen müssen: »Ich verpflichte mich, die theologischen Wissenschaften in Übereinstimmung mit den Grundsätzen der evangelisch-lutherischen Kirche aufrichtig, deutlich und gründlich vorzutragen.« Dies steht in Widerspruch zu der bei der Erteilung der Lehrbefugnis seitens der Universität in den Privatdozenten gesetzten Erwartung, daß dieser darum bemüht sei, »sein Bestes zu tun, um als akademischer Lehrer und Forscher der Wissenschaft zu dienen und die akademische Jugend im Geist der Wahrheit zu erziehen«. Die katholische Gegenseite wird diese Umorientierung freuen, denn dort gilt das Lehramt der Kirche ohnehin. Doch täuschen wir uns nicht: Wenn sich die evangelischen Fakultäten in Deutschland, wie in Göttingen geschehen, selbst eng an das Bekenntnis der Kirche binden, ist faktisch ihre Überführung in römisch-katholische Fakultäten vollzogen. Auf die dogmatischen Unterschiede kommt es im einzelnen dann auch nicht mehr an, denn die Bindung an ein Bekenntnis schließt wirklich freie Forschung aus, sosehr man auch den Anspruch hochhalten mag, wissenschaftlich zu arbeiten.

Juristisch ist die Lage gegenwärtig ohnehin klar. Die Lehr- und Wissenschaftsfreiheit auch eines evangelischen Theologen endet dort, wo er in Konflikt mit der Glaubenslehre seiner Kirche gerät. So schreibt der Autor des heute maßgeblichen Buches über die theologischen Fakultäten im weltlichen Verfassungsstaat, Martin Heckel: »(E)in Lehrer der Theologie hat zwar die liberale Freiheit, aus den theologischen Bindungen seines Amtes zu entweichen (sic!), die er in voller Kenntnis freiwillig zu erfüllen versprach – aber er hat keineswegs die ›Freiheit‹ (d. h. Eingriffsbefugnis), die Glaubenslehre seiner Kirche gegen deren Willen durch sein staatliches Lehramt zu verkehren« (1986: 169).

Zwar könnte man zur Verteidigung des Göttinger Gelübdes darauf hinweisen, daß »Bekenntnis« nicht mit »Grundsatz« gleichzusetzen und daher mit der angeführten Göttinger Verpflichtung nicht unbedingt eine Bindung an das Bekenntnis der evangelisch-lutherischen Kirche ausgesprochen sei. Doch was soll »Grundsatz« anderes meinen als »Bekenntnis«? Etwa den Grundsatz der Gewissensfreiheit? Aber dann brauchte man ein solches Gelöbnis nicht, da Gewissensfreiheit durch das Grundgesetz der Bundesrepublik Deutschland (Art. 4) garantiert ist.

Ich möchte es grundsätzlich formulieren: Solange es in Deutschland an den Universitäten eine evangelische *und* eine katholische Theologie gibt, ist offenkundig, daß Theologie keine Wissenschaft ist. Man kann es auch mit Paul de Lagarde so formulieren:

»Jeder, der die Wissenschaft kennt, weiß, daß sie ihren Zweck lediglich in sich hat, darum ihre Methode sich selbst sucht, und von keiner Macht im Himmel und auf Erden Vorschriften, Gesetze, Zielpunkte annimmt. Sie will wissen, nichts als wissen, und zwar nur um zu wissen. Sie weiß, daß sie nichts weiß, wo sie nicht bewiesen hat. Es ist jedem Manne in der Wissenschaft vollständig gleichgültig, was bei seinen Untersuchungen herauskommt, das heißt, wenn nur neue Wahrheiten entdeckt werden. Die Wissenschaft gestattet Jedem, die von ihr gefundenen Ergebnisse aufs neue zu prüfen, und wirft rückhaltlos fort, was eine solche Prüfung nicht besteht. Sie fordert von Jedem, der die zum Urtheilen nöthigen Vorkenntnisse hat, daß er das ihm bewiesene annehme und anerkenne, oder auf den Namen eines ehrlichen Mannes verzichte.

Man kann sich leicht überzeugen, daß diese Beschreibung der Wissenschaft auf die Disciplin, welche wir in Deutschland Theologie nennen, unanwendbar, daß mithin die thatsächlich vorhandene Theologie eine Wissenschaft nicht ist« (Lagarde 1920: 40f).

Daraus folgt fast automatisch, daß fundierte Kritik an Kirche und Theologie in Deutschland vorwiegend nur von der Basis einer anderen regulären Tätigkeit aus geübt werden kann. Dies ist ein enormer Nachteil gegenüber der großen Zahl von Menschen, die hauptberuflich mit Kirche und Theologie zu tun haben bzw. ihrem Interesse verbunden sind und deshalb willentlich oder unwillentlich den gegenwärtigen Zustand erhalten (vgl. Buggle 1992: 16). Hier ist, schon äußerlich gesehen, etwas faul.

Aber auch der innere Zustand der von Fachtheologen betriebenen Dogmen- und Kirchenkritik ist beängstigend flach. In der Öffentlichkeit gelten die Abweichler Hans Küng, Uta Ranke-Heinemann und Eugen Drewermann als Aufklärer. Doch haben sie, wie Christoph Türcke hervorhob, mit diesem Namen wenig gemein. Türcke schreibt dazu: »Aber man braucht sie nur einmal zu fragen, ob es den Gott, den sie da dekretieren, überhaupt gibt, ob die Gewißheiten, die sie über seine Einzahl oder Mehrzahl, sein Geschlecht, seine Anteilnahme am Weltgeschehen oder seinen Endsieg am jüngsten Tag hegen, nicht schlichte Selbstüberhebung sind, ...und schon erbleicht ihre ganze Modernität; auch sie versteifen sich auf ihre eiserne Glaubensration... und verhalten sich nicht minder fundamentalistisch als ihre Gegner in den Chefetagen der Kirche« (1992: 16). Radikales Denken, »das den Dingen an die Wurzel geht, ist durchgefallen« (Türcke 1992: 68). Ein Grund mehr, im Interesse der historischen Wahrheit *und* im Interesse des eigentlich Christlichen einen Neuversuch zu wagen und die Heilige Schrift der christlichen Kirchen auf andere Weise als gemeinhin üblich zu betrachten.

Kapitel 2
Unheilige Gewalt gegen andere im Alten Testament und ihre Begründung

A. Abriß der Geschichte Israels

Einführung

Die Geschichte Israels, wie sie im Alten Testament enthalten ist, erstreckt sich über eine Zeitspanne von mehr als 1000 Jahren, angefangen von der nomadischen Zeit (vgl. Gen 12–50) von ca. 1500–1300 v. Chr. bis zu den Wirren um die Entweihung des Jerusalemer Tempels durch den syrischen König Antiochus IV. Mitte des 2. Jh.s v. Chr., auf die das Danielbuch reagiert.

Angesichts eines solch riesigen Zeitraumes liegt es von vornherein nahe, daß eine Vielzahl von Gruppen »die« Religion Israels geprägt hat – gerade auch angesichts der tiefgreifenden Umbrüche, die Israel in diesem Zeitraum erlitten hat. Von ihnen war der Verlust der Eigenstaatlichkeit im babylonischen Exil (587–539 v. Chr.) das größte Trauma. Es ist daher kein Zufall, daß darüber keine Geschichtsschreibung im Alten Testament existiert, während über alle anderen Perioden Erzählungen vorliegen, deren historischer Wert im einzelnen aber immer noch zu klären ist.

Im folgenden gebe ich einen chronologischen Überblick über die Geschichte Israels, die sich am Konsens der Forschung orientiert (vgl. Kaiser 1992: 22f). Die neu in Gang gekommene Um-, d.h. Spätdatierung alttestamentlicher Schriften, die zu einer völligen Abwertung des Alten Testaments als Geschichtsquelle führt (vgl. dazu den etwas hilflosen Bericht von Herrmann 1991), habe ich hier nicht berücksichtigt.

Wichtig für die neu in Gang gekommene Diskussion und die Geschichte Israels sind: Lemche 1985; Davies 1995; die konservative Antikritik steht bei Provan 1995.

Ein Wort noch zur Begrifflichkeit: Im Gegensatz zu den meisten Bibelübersetzungen, die den hebräischen Gottesnamen mit »HERR« umschreiben, wird im folgenden stets dessen wahrscheinlich ursprüngliche Form »Jahwe« verwendet. Da das geschriebene antike Hebräisch keine eigentlichen Vokale kennt, sind jedoch lediglich die Konsonanten JHWH, das sogenannte Tetragramm, gesichert.

Der Grund dafür, daß sich die Aussprache dieses Namens nicht mehr mit hundertprozentiger Sicherheit feststellen, sondern nur mit einiger Wahrscheinlichkeit aus der Kurzform *Jah* (z. B. in Halleluja = »Preist Jahwe!«) sowie aus alten griechischen Texten erschließen läßt, liegt darin, daß das Judentum seine Verwendung aus Furcht, das zweite Gebot (Ex 20,7; Dtn 5,11) könne verletzt werden, schon früh, in vorchristlicher Zeit, verboten hatte. Zur Zeit Jesu wurde der Name nur noch im Tempelgottesdienst ausgesprochen, und zwar beim Priestersegen und am Versöhnungstag bei den Bußgebeten des Hohenpriesters im innersten Vorhof des Tempels, so daß kein Heide ihn hören konnte. Im Synagogengottesdienst ersetzte man den Namen »Jahwe« durch »Adonaj« (= Herr), wie auch die Septuaginta, die griechische Übersetzung des Alten Testaments, JHWH mit *kyrios* (= Herr) wiedergibt. Die Vermeidung des Gottesnamens wurde so konsequent durchgeführt, daß wahrscheinlich schon bald nach der Zerstörung des Jerusalemer Tempels (70 n. Chr.) jede Erinnerung an die richtige Aussprache des Tetragramms erloschen ist und der Gottesname fortan nur noch als Schriftbild, nicht mehr als Wort der Sprache existierte (vgl. Kuhn 1938: 93).

Die jüdischen Gelehrten, die den hebräischen Text später mit Vokalzeichen versahen, haben unter die Konsonanten JHWH statt der ursprünglichen Vokale die Vokale des hebräischen Wortes für »Herr« (*adonaj*; das anlautende *a* in der Schreibung verkürzt zu *e*) eingesetzt. Durch ein Mißverständnis ist daraus später das Kunstwort JeHoWaH geworden.

Chronologisches Gerüst

Nomadische Vorzeit: 15.(?)–13. Jh.

Vorstaatliche Zeit: 12.–11. Jh.

Landnahme, Landausbau, Israel als Stämmebund

Königszeit: ca. 1000–587
Zeit des einheitlichen Reiches: ca. 1000–926

        Saul, David (Hauptstadt Jerusalem), Salomo (Tempelbau)

Zeit der getrennten Reiche: 926–722

926: sog. Reichsteilung (Nordreich Israel, Südreich Juda)

       (erstes festes Datum der Geschichte Israels; 1 Kön 12)

       Druck des Aramäerreiches auf Israel (bes. 850–800) – *Elia, Elisa*

       Assyrische Vorherrschaft (etwa 750–610) – *Amos* (um 760)

um 733: Syrisch-ephraimitischer Krieg gegen Juda (2 Kön 16,5; Jes 7) – *Hosea* (um 750–725), *Jesaja* (um 740–700)

Reich Juda: 722–587

722: Eroberung Samarias durch die Assyrer (2 Kön 17)

701: Belagerung Jerusalems durch die Assyrer (2 Kön 18–20 = Jes 36–39)

um 622: Reform Josias (2 Kön 22f; Dtn) – *Jeremia* (ca. 626–586)

612: Eroberung der assyrischen Hauptstadt Ninive durch die Babylonier

609: Tod Josias beim Kampf gegen den ägyptischen König Pharao Necho (2 Kön 23,29f), der sich von der assyrischen Vorherrschaft befreit hatte

597: Erste Zerstörung Jerusalems durch die Babylonier – *Ezechiel*

Babylonisches Exil: 587–539

587: Endgültige Zerstörung Jerusalems durch die Babylonier (2 Kön 24f; Jer 27ff) – *Klagelieder, Deuteronomistisches Geschichtswerk: Dtn-2 Kön (um 560), Priesterschrift, Deuterojesaja*

Nachexilische Zeit: 539–64
Persische Vorherrschaft: 539–333

539: Fall Babylons an die Perser (Jes 46f u. a.)

530: *Tritojesaja*

520–515: Wiederaufbau des Tempels (Esr 5f) – *Haggai, Sacharja*
458 (oder 398): Esra
445–433: Nehemia

Hellenistisches Zeitalter: 333–70

333: Sieg Alexanders des Großen über die Perser – *Chronistisches Geschichtswerk*
164: Wiedereinweihung des Tempels während des Makkabäeraufstands – *Daniel*
64: Eroberung Palästinas durch die Römer
70: Zerstörung Jerusalems

B. Der Bann im Heiligen Krieg – eine Geste der Barmherzigkeit?

Einschränkend ist vorweg zu bemerken, daß die im folgenden genannten Texte aus verschiedenen Zeiten stammen. So ist Dtn 1–3 als Einleitung des Deuteronomistischen Geschichtswerks (vgl. Perlitt 1994: 109–122; 119–122 zur »konzeptionellen Einheit« dieser Kapitel) mindestens ein Jahrhundert jünger als die Passage aus Dtn 4,44ff (zu Dtn 4,1–4,43 vgl. Noth 1963: 38f). Es geht zunächst nur um das Phänomen des Bannes; die historische Frage nach seiner Zeit und seinem Ort wird im Verlauf der Analysen zu stellen sein.

Das Phänomen des Heiligen Krieges

Es gibt kaum etwas anderes im Alten Testament, das den Abscheu des modernen Betrachters so provoziert wie die Praxis des Bannes als Abschluß eines »Heiligen Krieges«. Hier einige aus Texten verschiedener Zeiten zusammengestellte Beispiele dafür, wie dieser Bann aussah:

4. Mose 21,1–3: »(1) Als die Kanaaniter, die im Südland wohnten, hörten, daß Israel herankam auf dem Weg von Atarim, kämpften sie gegen Israel und führten einige von ihnen als Gefangene weg. (2) Da legte Israel gegenüber Jahwe ein Gelübde ab und sprach: Wenn du dieses Volk ganz in meine Hand gibst, so will ich an ihren Städten den Bann vollstrecken. (3) Und Jahwe hörte auf die Stimme Israels und gab die Kanaaniter preis. Da vollstreckte es den Bann an ihnen und ihren Städten und nannte den Ort Horma (= Bann).«

5. Mose 2,30–35: »(30) Aber Sihon, der König von Heschbon, wollte uns nicht hindurchziehen lassen; denn Jahwe, dein Gott, hatte seinen Geist hart und sein Herz unnachgiebig gemacht, um ihn in deine Hand zu geben, wie es jetzt geschehen ist. (31) Da sprach Jahwe zu mir: Siehe, ich habe angefangen, Sihon und sein Land vor dir preiszugeben; fangt ihr an, sein Land in Besitz zu nehmen. (32) Als nun Sihon, er und sein ganzes Kriegsvolk, uns nach Jahaz zum Kampf entgegenzog, (33) da gab ihn Jahwe, unser Gott, vor uns preis, so daß wir ihn, seine Söhne und sein ganzes Kriegsvolk besiegten. (34) Damals nahmen wir alle seine Städte ein und vollstreckten den Bann an jeder Stadt, an Männern, Frauen und Kindern, und ließen keinen einzigen übrig. (35) Nur das Vieh raubten wir für uns und die Beute aus den Städten, die wir eingenommen hatten.«

5. Mose 3,3–7: »(3) Da gab Jahwe, unser Gott, auch den König Og von Baschan in unsere Hand mit seinem ganzen Kriegsvolk, und wir schlugen ihn, bis ihm kein einziger übrigblieb. (4) Damals nahmen wir alle seine Städte ein; es gab keine Stadt, die wir ihnen nicht genommen hätten: sechzig Städte, die ganze Gegend von Argob, das Königreich Ogs von Baschan, (5) lauter Städte, die befestigt waren mit hohen Mauern, Toren und Riegeln, außerdem sehr viele offene Landstädte. (6) Und wir vollstreckten den Bann an ihnen, wie wir es an Sihon, dem König von Heschbon, getan hatten. An jeder Stadt vollstreckten wir den Bann, an Männern, Frauen und Kindern. (7) Aber alles Vieh und die Beute aus den Städten raubten wir für uns.«

5. Mose 7,1–2: »(1) Wenn dich Jahwe, dein Gott, ins Land gebracht hat, in das du kommen wirst, um es in Besitz zu nehmen, und wenn er dann viele Völker vor dir vertreibt – die Hethiter, Girgaschiter, Amoriter, Kanaaniter, Perisiter, Hiviter und Jebusiter, sieben Völker, zahlreicher und stärker als du – (2) und wenn sie Jahwe, dein Gott, vor dir preisgeben wird und du sie schlagen wirst, dann sollst du an ihnen den Bann vollstrecken. Du darfst keinen Bund mit ihnen schließen und keine Gnade gegen sie üben.«

Jos 6,17–21: »(17) Aber diese Stadt (= Jericho), sie und alles, was in ihr ist, soll dem Bann Jahwes verfallen sein. Nur die Hure Rahab soll am Leben bleiben, sie und alle, die mit ihr im Hause sind; denn sie hat die Boten versteckt, die wir ausgeschickt hatten. (18) Ihr aber sollt euch vor dem Gebannten hüten, daß ihr (es) nicht begehrt und von dem Gebannten nehmt und dadurch Vernichtung auf das Lager Israels legt und es ins Unglück bringt. (19) Alles Silber und Gold sowie Geräte aus Bronze und Eisen sollen Jahwe geweiht werden, in den Schatz Jahwes soll es kommen. (20) Da stießen sie in die Widderhörner, und als das Volk den Ton des Widderhorns hörte, da erhob das Volk ein großes Kriegsgeschrei, und die Mauer fiel in sich zusammen, und das Volk stieg hinauf in die Stadt, ein jeder (an der Stelle) ihm gegenüber, und sie nahmen die Stadt ein. (21) Sie vollstreckten den Bann aber an allem, was in der Stadt war, mit der Schärfe des Schwerts, an Mann und Frau, jung und alt, Rindern, Schafen und Eseln.«

Jos 10,28: »An diesem Tag eroberte Josua auch Makkeda und schlug es mit der Schärfe des Schwerts samt seinem König und vollstreckte den Bann an der Stadt und an allen, die darin waren. Keinen einzigen ließ er übrig und tat mit dem König von Makkeda, wie er mit dem König von Jericho getan hatte.«

Jos 11,10–11: »(10) Josua eroberte Hazor und erschlug seinen König mit dem Schwert; denn Hazor war vorher die Hauptstadt aller dieser Königreiche gewesen. (11) Und sie erschlugen alle, die darin waren, mit der Schärfe des Schwerts und vollstreckten den Bann an ihnen; nichts, was atmet, blieb übrig, und er verbrannte Hazor mit Feuer.«

Der Bann im alten Israel ist der Theorie Gerhard v. Rads zufolge Teil der Institution des Heiligen Krieges (vgl. zum Folgenden v. Rad 1969: 6–12). Dieser war durch folgende Akte bestimmt: Durch das Stoßen in die Posaune (Ri 6,34f; vgl. Ri 3,27; 1 Sam 13,3) oder, besonders altertümlich, durch die Aussendung zerstückten Fleisches (1 Sam 11,7) wird das Heer aufgeboten und versammelt sich im Lager, wo sich die Krieger, fortan »Volk Jahwes« genannt (Ri 5,11.13; 20,2), mit kultischer Reinigung, geschlechtlicher Askese, Opfern und Bußriten auf die bevorstehende Schlacht vorbereiten.

Vor Beginn des Kampfes wird Jahwe befragt, der im Erhörungsorakel den Sieg voraussagt. Daraufhin verkündet der Führer den Heerbann (»Jahwe hat die… in eure Hand gegeben«; vgl. Jos 2,24; Ri 3,28 usw.), und das Heer marschiert mit Jahwe an der Spitze dem Feind entgegen. Mit Kriegsruf und Kriegsgeschrei wird die Schlacht eröffnet. Den Sieg bringt der Jahwe-Schrecken, der die Feinde befällt und verwirrt, so daß ihnen der Mut entsinkt. »Den Höhepunkt und Abschluss bildete *der Bann*, die Übereignung der Beute an Jahwe. Wie beim ganzen heiligen Krieg, so handelte es sich auch hier um eine kultische Angelegenheit: die Menschen und Tiere werden getötet, Gold, Silber usw. gingen… in den Schatz Jahwes ein (Jos. 6,18f.)« (v. Rad 1969: 13).

Wer die Texte über den Bann und die Abschlachtung fremder Völker heute unvoreingenommen liest, kann darüber nur entsetzt sein. Ernest Renan hat den Abscheu vor diesen »bluttriefenden Barbarensitten« vor rund 100 Jahren so ausgedrückt: »Die menschliche Grausamkeit nahm die Form eines Paktes mit der Göttlichkeit an. Man legte ein feierliches Gelöbnis ab, alles zu töten und verbot damit sich selbst, der Vernunft oder dem Mitleid Folge zu leisten. Man weihte eine Stadt oder ein Land der Vernichtung und glaubte Gott zu beleidigen, wenn man den greulichen Eid nicht hielt« (Renan 1894: 232).

Der Bann ist keine Rache, sondern ein Ritual

Dennoch ist im Anschluß an Barr (1993: 208–221) darauf hinzuweisen, daß die Weihung zur Zerstörung nicht dem persönlichen Haß oder der Rache entsprang. Vielmehr handelt es sich um eine Art Opferritual, in dem die Bevölkerung der eroberten Städte oft sogar samt ihren Tieren vernichtet wird. Ferner durften unzerstörbare Gegenstände aus Gold und Silber nicht von beliebigen Leuten als Beute einbehalten werden. Sie galten vielmehr als Geschenke für den Gott Israels. Sodann gehört das hebräische Wort für »Bann« (*hrm*) zum semantischen Feld des Heiligen, Geheiligten, das in der Tat die Übersetzung »Weihung zur Zerstörung« rechtfertigt. Sie ist dann die negative Seite des Heiligen, die den Aspekt des Entfernens, des Unzugänglichmachens für den allgemeinen Gebrauch zum Inhalt hat, während der bekanntere hebräische Ausdruck für das Heilige, *qds*, seine positiven, zu bewahrenden Qualitäten anzeigt. So konnte eine Person Jahwe ein Tier oder ein Feld weihen, und diese durften dann nicht für den normalen Gebrauch verwendet werden.

Mit anderen Worten: *Das Ritual des Bannes war geradezu die Negation einer Ethik des einfachen Plünderns und der Ausbeutung.* Es war eine rituale Heiligmachung, in der die gefangenen Personen, Tiere und Objekte Jahwe geweiht, und die Gegenstände, die unzerstörbar waren, einfach dem Heiligtum übergeben wurden. Indem man die Personen in derselben Weise wie die Tieropfer der Gottheit übergab, erhielt Gott sie als Geber des Lebens zurück. Zweifellos wäre es vorzuziehen gewesen, die Opfer als Sklaven zu behalten, denn menschliche Wesen waren wertvoll, ebenso wie Ochsen und Schafe und andere Tiere. Aus diesem Grund wurde der Bann zuweilen gebrochen. Doch zog das sofort Strafe nach sich. Der Bann war eben ein Tabu, das niemand – und selbst ein König wie Saul nicht – übertreten durfte. Als er es dennoch tat, wurde er alsbald seiner Königswürde enthoben und verworfen.

1 Sam 15,1–3.7–9.23: »(1) Samuel sprach zu Saul: Jahwe hat mich gesandt, daß ich dich zum König salben sollte über sein Volk Israel; so höre nun auf die Worte Jahwes! (2) So spricht Jahwe Zebaoth: Ich habe bedacht, was Amalek Israel angetan und wie es ihm den Weg verlegt hat, als Israel aus Ägypten zog. (3) So zieh nun hin und schlag Amalek und vollstrecke den Bann an ihm und an allem, was es hat; verschone sie nicht, sondern töte Mann und Frau, Kinder und Säuglinge, Rinder und Schafe, Kamele und

Esel... (7) Da schlug Saul die Amalekiter von Hawila bis nach Schur, das vor Ägypten liegt, (8) und nahm Agag, den König von Amalek, lebendig gefangen, und an allem Volk vollstreckte er den Bann mit der Schärfe des Schwerts. (9) Aber Saul und das Volk verschonten Agag und die besten Schafe und Rinder und das Mastvieh und die Lämmer und alles, was von Wert war, und *sie wollten den Bann daran nicht vollstrecken*; was aber nichts taugte und gering war, daran vollstreckten sie den Bann... (23) (Samuel zu Saul:) Ungehorsam ist Sünde wie Zauberei, und Widerstreben ist wie Abgötterei und Götzendienst. Weil du Jahwes Wort verworfen hast, hat er dich auch verworfen, daß du nicht mehr König seist.«

Der Heilige Krieg fand weniger häufig statt und hat orientalische Parallelen

Gegen die Anstößigkeit des Bannes wird zuweilen einschränkend bemerkt, daß der Heilige Krieg, wie er im 5. Buch Mose und im Josuabuch beschrieben wird, wohl niemals so stattgefunden habe. In vielen Fällen seien Kompromisse mit den Bewohnern des Landes geschlossen worden, wie die Geschichte von der List der Gibeoniter (Jos 9) zeige: Die Gibeoniter betrügen Josua aus Furcht vor der Zerstörung ihrer Stadt und schließen als Abkömmlinge ferner Länder mit Israel einen Bund. Ähnlich zu beurteilen sei es, wenn das erste Kapitel des Richterbuches die geschlagenen Kanaaniter als solche beschreibt, die im Land bleiben und Zwangsarbeit leisten.

Gewiß unterliegt die allgemeine Annahme v. Rads, Theorie und Praxis des Heiligen Krieges seien in einem sakralen Stämmebund der vorköniglichen Zeit Israels (12.-11. Jh. v. Chr.) zu Hause, starken Zweifeln, denn die dafür nötige Annahme einer politisch-militärischen Einheit Israels vor und bei der Landnahme hält der Kritik nicht stand. Der Göttinger Alttestamentler Rudolf Smend faßt den Konsens der Wissenschaft zusammen: »Ein Gesamtisrael war an den Vorgängen in der Wüste von der Herausführung aus Ägypten an noch nicht beteiligt, und Palästina wurde nicht, wie es das Buch Josua darstellt, in einem Zuge von einer Heeresmacht unter dem Befehl des Josua erobert, sondern nacheinander von einzelnen Gruppen und Stämmen und ohne daß dabei militärische Gewalt zu Anfang in größerem Umfange auch nur einigermaßen regelmäßig angewendet worden wäre« (Smend 1987: 125f).

Sodann ergibt sich im Anschluß an den Heidelberger Alttestamentler Manfred Weippert ergänzend zu v. Rad, »daß sich für die meisten Elemente der ›Theorie vom heiligen Krieg‹ Belege auch aus assyrischen Texten beibringen lassen, und daß hier bleibende Lükken in Zeugnissen altbabylonischer und hethitischer Provenienz weitgehend ausgefüllt werden können. Vergleichsmaterial findet sich für das Aufgebot der Truppen durch eine blutige Symbolhandlung, für Gelübde, Opfer und Erkundung des göttlichen Willens vor Feldzug und Schlacht, für die Antwort der befragten Gottheit in Gestalt eines Ermutigungs- oder Heilsorakels mit Übergabeformel und Beistandszusage und für die Vorstellungen, die mit dem göttlichen Eingreifen gegen die Feinde verbunden sind. Letztere lassen sich bei den Assyrern vollständig belegen: die Götter ziehen dem Heer voran, die assyrischen Truppen sind die des Reichsgottes Assur, der Krieg ist der Krieg der Götter, die Feinde sind ihre Feinde, Mutlosigkeit und Gottesschrecken überkommen die Feinde schon vor dem eigentlichen Kampf, in der Schlacht kämpfen vor allem die Götter, während die Menschen ihnen zu Hilfe kommen« (Weippert 1972: 483f).

Allein das Phänomen des Bannes läßt sich gemeinorientalisch, von einer Ausnahme abgesehen (vgl. unten S. 49 f), nicht nachweisen. Die ihm am nächsten kommenden Zeugnisse der Hethiter- und Amarnatexte sprechen nur von einer Zerstörung, nicht aber vom Bann (vgl. Gevirtz 1963; Kang 1989). Zwar tauchen in der Umwelt Israels mit *hrm* stammverwandte Begriffe auf, aber, von derselben Ausnahme abgesehen (vgl. unten S. 49 f), nie »mit dem gleichen schauerlichen Bedeutungsinhalt« (Dietrich / Link 1995: 196).

Die Institution des Heiligen Krieges ist demnach nicht nur in Israel zu Hause, sondern gemeinorientalischen Vorstellungen verpflichtet. Gleichzeitig hat er einen Teil Theoretisches, dessen Realisierung im Einzelfall entschieden werden muß. Damit ist nicht bestritten, daß kriegerische Auseinandersetzungen häufig vorkamen. Ältestes Zeugnis dafür ist das Mirjamlied (12. Jh.): »Singet Jahwe, denn hoch erhaben ist er; Roß und Reiter warf er ins Meer« (2. Mose 15,20). Vgl. ferner das fast ebenso alte Siegeslied der Debora Ri 5, das mit den Worten schließt: »So müssen umkommen, Jahwe, alle deine Feinde! Die dich aber lieben sind wie die Sonne, wenn sie aufgeht in ihrer Pracht« (V. 31). Ferner steht eindeutig fest: Das geistige Klima, in dem (König) David 200 Jahre später groß wurde, war von Kampf und Krieg geprägt. Ich lasse der Einfachheit halber die klassische Charakterisierung von Julius Wellhausen folgen: »Die vornehmste Äußerung des Lebens der Nation war damals und auf Jahrhunderte hinaus der Krieg. Der Krieg ist es, was die Völker macht; er war die Funktion, in der die Zusammengehörigkeit der israelitischen

Stämme sich am ersten bestätigte, und als das nationale war er zugleich auch das heilige Geschäft. Jahve war das Feldgeschrei dieser kriegerischen Eidgenossenschaft, der kürzeste Ausdruck dessen, was sie unter sich einigte und gegen außen schied. Israel bedeutet El [= hebr. »Gott«; G. L.] streitet, und Jahve war der streitende El, nach dem die Nation sich benannte. In dem selben Verhältnis wie Israel stand auch Jahve zu den Nachbarvölkern zu ihren Göttern... Etwas von dieser kriegerischen Natur hat Jahve immer behalten... Noch in später Zeit wird Jahve als eine Art Kriegsgott beschrieben, der mit Schwert und Schild sich wappnet, den Kampfruf erhebt wie ein Held, seine Pfeile schießt, sein Schwert zückt, sein Gewand über und über mit Blut besudelt, sich labt am Fett der Erschlagenen, ihr Mark schlürft... Das Kriegslager, die Wiege der Nation, war auch das älteste Heiligtum. Da war Israel und da war Jahve« (Wellhausen 1958: 23f).

Hebt die nur partielle Geschichtlichkeit des Heiligen Krieges seinen abstoßenden Charakter auf?

Aber selbst wenn die Tradition des Heiligen Krieges teilweise eine Fiktion sein würde, wäre damit das Phänomen an sich noch nicht zureichend erhellt. Denn das eigentliche Problem besteht gar nicht darin, ob die Erzählungen Faktum oder Fiktion sind. Ärgernis erregt, daß die rituelle Zerstörung überhaupt *empfohlen* wird. Ein Anstoß besteht, wo »der menschliche Wille zur Macht oder auch nur zur Selbstbehauptung... sich religiös als heiliger Krieg« verklärt (Gunneweg 1977: 114). Die zitierten Texte empfehlen die totale Abschlachtung der kanaanäischen Bevölkerung, und die Ausführung dieses Auftrages, z. B. bei der Eroberung Jerichos, wird eigens betont, wie Jos 6,21 zeigt: »Sie vollstreckten den Bann aber an allem, was in der Stadt war, mit der Schärfe des Schwerts, an Mann und Frau, jung und alt, Rindern, Schafen und Eseln.«

Wenn der Bericht von der Eroberung Jerichos auch reine Fiktion war (vgl. Fritz 1994: 65–69), so doch eine, die allgemeine Zustimmung fand. Und obwohl das Alte Testament eine Fülle von Kriegsschilderungen enthält, gibt es keine einzige Passage, die ausdrücklich den Bann kritisiert oder bestreitet, daß er von Jahve angeordnet wurde (vgl. Barr 1993: 219). Im Gegenteil: Wo vom Bann die Rede ist, geschieht dies immer in engem Zusammenhang mit Jahve selbst. Der Bann hat also keineswegs einen nebensächlichen, sondern einen erschreckend grundsätzlichen Charakter. Vgl. Jos 11,20: »Denn es

war von Jahwe aus so beschlossen, ihr Herz zu verstocken angesichts des Krieges mit Israel, damit an ihnen der Bann vollstreckt
würde, ohne daß es Erbarmen für sie gäbe, damit sie vielmehr ausgerottet würden – wie Jahwe dem Mose befohlen hatte« (vgl. Perlitt
1972: 45).

Eine moabitische Entsprechung zum Bann
belegt seinen tatsächlichen Gebrauch in Israel

Eine moabitische Inschrift belegt, daß die Bannpraxis nicht allein in
Israel geübt wurde. Sie war zweifellos gemeinsames Eigentum mit
mindestens einem Nachbarn und wurde in der Tat gegen Israel zu
bestimmten Gelegenheiten durchgeführt. Da diese Inschrift nur
Fachleuten bekannt ist, seien hier die ersten achtzehn ihrer insge-
samt 34 Zeilen zitiert.

Die Übersetzung folgt mit einigen Modifikationen der von Donner / Röllig
1964: 168 f. Die Bedeutung der im Text in Großbuchstaben wiedergegebe-
nen Wörter läßt sich nicht exakt ermitteln: Bei DWD (Z. 12) handelt es sich
wohl um »eine Gottheit oder etwas Vergleichbares« (ebd., S. 175); MHRT
(Z. 14) ist (wie Saron) »entweder Name eines Ortes oder einer Landschaft«
(ebd., S. 176).

»(1) Ich (bin) Mescha, Sohn des KMSCH[JT], König von Moab, der (2)
Dibonite. Mein Vater war König über Moab dreißig Jahre, und ich wurde
König (3) nach meinem Vater. Und ich machte dieses Höhen(heiligtum) für
Kemosch in Qericho als Zeichen (4) der Rettung, denn er errettete mich vor
allen Angreifern (?) und ließ mich triumphieren über alle meine Gegner.

Omri (5) war König von Israel, und er bedrängte Moab lange Zeit, denn
Kemosch zürnte seinem Lande. (6) Und es folgte ihm sein Sohn. Und er
sprach: Ich will Moab bedrängen. In meinen Tagen sprach er [so], (7) aber
ich triumphierte über ihn und sein Haus. Und Israel ist für immer zugrunde
gegangen. Und es hatte sich Omri des ganzen (8) Gebietes von Medeba be-
mächtigt, und er wohnte darin während seiner Tage und der Hälfte der Tage
seiner Söhne, vierzig Jahre. Aber es (9) wohnte Kemosch darin während
meiner Tage. Und ich baute Baal-Meon (wieder auf) und errichtete die Zi-
sterne darin. Und ich baute (10) Kirjathon (wieder auf).

Und die Leute von Gad wohnten seit jeher im Lande von Ataroth, und
der König von (11) Israel hatte Ataroth (10) für sich gebaut. (11) Ich griff die
Stadt an und nahm sie ein. Und ich tötete alles Volk (12) der Stadt als Dar-
bringung für Kemosch und Moab. Und ich brachte von dort den Altar ihres
DWD, und ich (13) schleppte ihn vor Kemosch in Qerejoth. Und ich ließ
dort wohnen die Leute von Saron und die Leute (14) von MHRT.

Und Kemosch sagte zu mir: Geh, nimm Nebo (im Kampf) gegen Israel!

Da (15) zog ich bei Nacht los und kämpfte gegen es von Tagesanbruch bis Mittag. Und ich (16) nahm es ein und tötete alles: siebentausend Männer, Klienten, Frauen und [Klien]tinnen und (17) Sklavinnen, denn ich hatte sie dem Aschtar-Kemosch (durch Bann) geweiht (*hrm*). Und ich nahm von dort die [Gerät]e(?) (18) Jahwes und schleppte sie vor Kemosch ... «

Diese Inschrift, die im Jahre 1868 in der Nähe von Diban (Ostjordanland) entdeckt wurde, stammt etwa aus dem Jahre 830 v. Chr. Mescha und seine Revolte gegen Israel werden auch 2 Kön 3 genannt (V. 4f: »Mescha aber, der König der Moabiter, besaß viele Schafe und hatte dem König von Israel Wolle zu entrichten von hunderttausend Lämmern und von hunderttausend Widdern. Als aber Ahab tot war, fiel der König der Moabiter ab vom König von Israel«).

Die Sprache der Inschrift steht dem biblischen Hebräisch sehr nahe. Der identische Ausdruck *hrm* wird gebraucht (Z. 17).

Dieser moabitische Text ist von großer Wichtigkeit. Denn angesichts der zahlreichen späten, rein theoretischen biblischen Texte zum Bann unterstützt er den realistischen Charakter und die historische Glaubwürdigkeit einiger der diesbezüglichen biblischen Erzählungen und Gesetze. Dies gilt trotz des Befundes, daß die Mescha-Inschrift nicht einfach Tatsachen aneinanderreiht, sondern auch der Hofpropaganda verpflichtet ist. So stellt z. B. die Aussage, daß Israel für immer zugrunde gegangen sei (Z. 7), eine Übertreibung dar. Trotzdem ist die Inschrift als Geschichtsquelle von unschätzbarem Wert. Wer daher sagt: »Historisch zuverlässig ist der Vollzug der Vernichtungsweihe in Israel nicht belegt« (Fritz 1994: 72), mag auf den ersten Blick ein zutreffendes Urteil aussprechen, wird aber trotzdem der historischen Wahrheit wahrscheinlich nicht gerecht. Denn die Mescha-Inschrift ist ein klarer indirekter Beleg für die Anwendung des Bannes auch in Israel und keineswegs nur ein historisches Vorbild, an dem sich die alttestamentlichen Erzählungen orientiert haben. Die Parallele legt zudem nahe, daß die Praktiken und Prinzipien des Bannes in Israel aus einem mit den Moabitern gemeinsamen Hintergrund übernommen wurden. Das Alte Testament betrachtete beide als verwandt, da Moab angeblich von Lot stammt, dem Neffen Abrahams (vgl. Gen 11,27; 19,37).

Ist der Bann historisch entschuldbar?

Da feststeht, daß der Bann in Israel wenigstens teilweise in die Zeit der Eroberung Kanaans zurückreicht und zugleich in immer neuen Fiktionen literarisch ausgemalt wurde, beziehe ich mich bei den nun folgenden Überlegungen gleichzeitig immer auf beide Ebenen, die historische und die fiktive. Dies muß in der vorliegenden Arbeit auch deswegen erlaubt sein, weil ich meinen Ausgangspunkt bei der Heiligen Schrift, die nicht zwischen Faktum und Fiktion unterscheidet, und bei der pauschalen Behauptung genommen habe, die Bibel enthalte die gute Botschaft von der Barmherzigkeit Gottes für alle Menschen.

Nun kann durch die genannte Parallele des Bannes, die sich gegen Israel richtet, die hebräische Praxis der Weihung zur Zerstörung kaum entschuldigt oder trivialisiert werden (hierzu und zum Folgenden vgl. Barr 1993: 209f). Um die Anstößigkeit noch zuzuspitzen: Nach den alttestamentlichen Texten ist der Bann nichts, das nur einmal geschah, nichts, das verstanden werden kann als sinnvoller Teil antiker Anthropologie, nichts, das fruchtbar in theologischer Paränese gebraucht werden kann; nein, *es ist etwas, das Jahwe befohlen hat und auf dem er strikt bestand.* Und hier entsteht sofort die ethische Anfrage: Wie kann eine solche abstoßende Praxis mit dem vereinbart werden, was wir herkömmlich als Gott betrachten?

Die Behandlung des Heiligen Krieges in der Biblischen Theologie

Unter Biblischer Theologie seien im folgenden alle diejenigen Ansätze verstanden, die sich darum bemühen, Altes und Neues Testament als Einheit zu sehen (vgl. Kraus 1970). Dies geschieht unter Hinweis darauf, daß »in den beiden Testamenten nicht zwei Götter, sondern der eine alleinige Herr bezeugt wird« (Janowski/Welker 1986: 6), und in der Absicht zu präzisieren, »wie die an Israel ergangene Offenbarung Jahwes und die in Jesus Christus ›ein für allemal‹ ergangene Offenbarung zusammenzudenken und in unserer Gegenwart theologisch zur Sprache zu bringen« (ebd.) sind. Ihre Vertreter schneiden freilich, wie ein Blick in die einschlägigen Publikationen zeigt, die gerade aufgeworfene Frage gar nicht an und protestieren laut, wenn sie überhaupt erörtert wird. Zweifel an der Vertretbarkeit des Bannes werden nämlich durchweg als Zeichen eines theologischen Liberalismus gedeutet oder als Markionitismus, der die Autorität des Alten Testaments untergrabe (vgl. z. B. Dietrich/

Link 1995: 80; zur Unsinnigkeit des zuletzt angeführten Vorwurfs vgl. Barr 1971: 34–36, der m.R. darauf hinweist, daß die heutigen »Markioniten« im Gegensatz zu ihrem angeblichen Vorbild von einer Bejahung des gegenwärtigen Lebens getragen sind). Daher findet sich auch in den jüngeren Beiträgen zur Biblischen Theologie, die regelmäßig im neugeschaffenen »Jahrbuch für Biblische Theologie« (seit 1986) veröffentlicht werden, keine Erörterung dieser Frage. Offensichtlich wird hierin kein ethisches Problem gesehen oder, wenn es doch existiert, scheint die Biblische Theologie außerstande, irgendetwas hierzu beizutragen.

Integration der dunklen Seiten Gottes?

Andere begnügen sich damit, den Erfahrungen nachzugehen, die »zu derart befremdlichen Texten geführt haben. Warum hat man sie stehen, warum sie überhaupt in den Kanon gelangen lassen?... Unser theologisches Denken möchte Gott von allen grausamen, intoleranten und bedrohlichen Zügen reinigen. Nur dann meinen wir, ihn als Gott festhalten zu können. Vielleicht aber ist es genau umgekehrt. Vielleicht ist nur ein Gott, der sich selbst das Äußerste an Entfremdung, Schmerz und Betroffenheit zumutet, imstande, einer Welt Hoffnung zu geben, die an solchen Zumutungen leidet« (Dietrich/Link 1995: 16). Abgesehen davon, daß in dem zweimal gebrauchten »vielleicht« Predigtsprache einfließt, die in einer wissenschaftlichen Abhandlung nichts zu suchen hat, leuchtet es überhaupt nicht ein, daß ein Gott nur dann der Welt Hoffnung geben kann, wenn er an ihren Grausamkeiten Anteil hat. *Grausamkeit bleibt Grausamkeit, auch wenn die Bibel sie Gott zuschreibt.* Dem immer noch vorzuziehen ist das Gottesbild Jesu von Nazareth, das allein dem Menschen Hoffnung geben kann: das Bild einer Gottheit, die liebt und nicht haßt, die aufbaut und nicht zerstört, die Leben bewahrt und es nicht kaltblütig auslöscht. (Vgl. dazu weiter unten S. 120–122.)

Es ist zu billig, wenn die beiden Autoren des obigen Zitats der Aufklärung vorhalten, die Menschen in Ratlosigkeit und Resignation geführt zu haben (vgl. ebd., Vorwort). Man überprüfe die Logik dieser Argumentation: Es wird suggeriert, wir müßten wenigstens zeitweise wieder in die Arme eines grausamen Gottes fliehen, weil die Aufklärung keine positiven Rezepte für die heutige Menschheit habe (was nur als Diffamierung angesehen werden kann). Ich kann daher diese Versuche, die dunklen Seiten Gottes zu integrieren, nur als ein verzweifeltes apologetisches Bemühen ansehen. Noch einmal: Grausamkeit bleibt Grausamkeit, auch wenn sie von Gott höchstpersönlich angeordnet ist, und muß für Gott ausgeschlossen werden.

Ein aktueller Versuch, die dunklen Seiten Gottes anzuerkennen, ist von Thomas Römer (1996) unternommen worden.

Der Gott des Alten Testaments wird auch hier durch ein Zugleich von Zorn und Barmherzigkeit charakterisiert. Diese Zusammenschau hält Römer für nötig, um die unterschiedlichen Erfahrungen zum Ausdruck zu bringen, die das Volk Israel mit seinem Gott gesammelt hat. Diese konträren Erfahrungen sollen es nicht erlauben, den biblischen Gott auf den »lieben Gott« einzuzuengen. Römer möchte daher die Passagen des Alten Testaments, in denen ein tyrannischer und gewaltsamer Gott vorkommt, in ihrer Schärfe nicht banalisieren. Er will sie vielmehr in ihrem jeweiligen kulturellen und historischen Kontext verständlich machen. Zwar lehnt er selbst einige Züge des alttestamentlichen Gottes ab, aber er findet mit Hilfe einer Kontextualisierung in denselben Texten, die er abwehrt, doch noch einen Sinn verborgen. Mitunter macht er in ihnen sogar eine bibelinterne Opposition aus, die sich gegen die gewaltsamen Entgleisungen im Gottesbild wendet. So will z. B. die Erzählung von Isaaks Opferung (Gen 22) selbst einen Protest gegen die auch in Israel übliche Praxis der Kinderopfer in existenzbedrohlichen Krisenzeiten aussprechen. Demgegenüber wird Abraham als Glaubensvorbild hervorgehoben, für den Gott eingreift und ihm ein Opfertier anstelle des Sohnes in die Hände gibt. Die Opfer selbst sind Ausdruck des Zornes Jahwes (S. 64). Der göttliche Befehl zum Sohnesopfer bleibt unverständlich, denn damit streitet Gott wider Gott.

Ähnliches macht Römer auch für andere Texte geltend: So betrachtet, werden sogar höchst kriegerische Texte noch als Ausdruck einer alleinigen Jahweverehrung verstanden. Ihr Sinn liegt darin begründet, daß sie sich gegen die Ansprüche der weltlichen Autoritäten, beispielsweise der assyrischen Könige, subversiv zur Wehr setzen (S. 82). Jene verlangten von ihren Vasallen, zu denen auch Israel gehörte: Du sollst den Herrn, deinen König lieben! Diesen Anspruch gestehen die biblischen Texte allein ihrem Gott zu. Um dessen Autorität glaubhaft zu machen, übertrugen sie die kriegerischen Attribute der assyrischen Könige auf Jahwe, um ihn zum stärkeren König und Gott erklären zu können. Selbst in der kriegerischsten biblischen Schrift, dem Josuabuch, macht Römer einen antimilitaristischen, befreiungstheologischen Akzent aus. Der Krieger Josua wird gleich zu Beginn von den späteren deuteronomistischen Schulgenerationen mit den Zügen eines Rabbi übermalt (Jos 1,8). Hier wie auch im 2. Buch Mose (Kap. 14) geht es den Schreibern darum, daß Gott allein kämpft. Der Mensch wird im Erfolg seiner kriegerischen Aktivitäten skeptisch betrachtet und »abgerüstet«.

Dies kann nun nicht ohne eine »Aufrüstung« Gottes geschehen; doch ist der Sinn erst einmal herausgearbeitet, erscheinen die Aussagen über die Gewaltherrschaft Gottes als eine bedauerliche Abweichung. Entgegen dem Programm einer »ethnischen Säuberung« Israels erscheint in den Abrahamserzählungen ein Gott des friedlichen Zusammenlebens als das Gegenbild zu einem exklusiven Gott (S. 95). Die Abweichungen hin zum kriegerischen Gottesbild macht Römer als Ausdruck einer nationalen Krise einsehbar und legt Wert darauf, daß die »Heiligen Kriege« und Bannvollstreckungen nicht stattgefunden haben, sondern Ausdruck der bedrohten nationalen Identität des von Fremdherrschaft und Assimilationsdruck gebeugten Israels darstellen.

Nach Römer liegt also in den biblischen Schriften selbst immer ein Alternativvorschlag für das Gottesbild bereit. Wo allerdings die Grenze verläuft, die uns hilft, eine Unterscheidung zu treffen zwischen den abzulehnenden Grausamkeiten des biblischen Gottes und den Attributen, die zu seiner dunklen Seite angeblich dazugehören, gibt Römer nicht an. Mit welchem Recht soll jedoch diesen Texten so viel Verständnis entgegengebracht werden, daß sie auch heute noch über ihre historische Relevanz hinaus für den christlichen Glauben und die Frage nach dem Leid sinnvoll sind?

Römer schließt seinen Gedankengang mit der Behauptung, in der Bibel einem unfaßbaren Befreiergott gegenüberzustehen (S. 118). Ihm soll die Freiheit zustehen, Mitleid zu haben, mit wem er will. Doch stellt gerade diese Konstruktion einen Befreiergott in Frage. Was anderes kann das Ziel einer umfassenden Befreiung sein, wenn nicht das Ende von Gewalt, Unterdrückung und Verschleierung? Warum also sollten für das göttliche Handeln nicht dem menschlichen Handeln entsprechende, gleichwertige Maßstäbe gelten? Spricht man Gott totale Freiheit und komplettes Anderssein zu, so übersieht man leicht, daß die uns übersteigende, transzendentale Realität Gottes weit menschlicher ist, als es die Vorstellung von der Supranaturalität Gottes erlauben möchte. Da sich Römers innerbiblische Konstruktion diesen Anfragen gar nicht erst stellen kann, ist ein Spagat zwischen der historischen Ernstnahme brutaler biblischer Texte einerseits und ihrer intentionalen Interpretation andererseits nicht zu vermeiden. So zieht Römer sich schließlich auf eine angebliche Paradoxie im Glauben zurück.

Die Einheit von göttlichem Zorn und seiner Barmherzigkeit soll sich auch im gewaltsamen Opfertod Jesu offenbart haben (S. 75). Gerade hier verläßt Römer seinen bisherigen hermeneutischen Ansatz, indem er bezeichnenderweise keine opponierenden christlichen und jüdischen Texte mehr dazu anführt. Die vordergründige Aufgeschlossenheit Römers für die Infragestellung eines gewaltsamen göttlichen Handelns läßt moderne Menschen dort zurück, wo sie angetroffen wurden: bei ihrem Entsetzen, daß sich liebende Barmherzigkeit und nackte Gewalt, sei es nun sichtbar oder im Verborgenen, in Gott vereinen lassen sollen.

Gründe für die Abschlachtung der Kanaanäer

Wie wurde die Abschlachtung der Kanaanäer theologisch begründet?

Die eine traditionelle Antwort lautete, die Kanaanäer seien extrem böse gewesen. Ich zitiere dazu im folgenden, wie bereits einmal geschehen (s. oben S. 20), etwas länger als üblich aus dem Werk eines vergessenen Theologen, Hermann Samuel Reimarus (1694–1768), der dieses zu seinen Lebzeiten absichtlich nicht publizierte. Er meinte nämlich, seine Zeitgenossen könnten die dort von ihm gewonnenen historischen Einsichten wegen mangelnder Aufklärung noch nicht ertragen.

Reimarus' Beobachtungen zum Alten Testament verdanken sich weitgehend seiner Beschäftigung mit den englischen Deisten (vgl. Reventlow 1980), darunter vor allem Thomas Morgan (1680–1743), »der das Alte Testament als Dokument einer bornierten nationalen Religion der Juden brandmarkte« (Gunneweg 1977: 127), demgegenüber aber auch viele geschichtliche und sachliche Anstöße aufgewiesen hat, die bis heute nicht ausgeräumt sind.

Aus dem neutestamentlichen Teil des Buches von Reimarus veröffentlichte Gotthold Ephraim Lessing (1729–1781) nach dem Tod des Vf.s Fragmente anonym und löste damit eine Kontroverse aus, die bis heute andauert. Nun, da das gesamte Buch von Hermann Samuel Reimarus mit dem Titel »Apologie oder Schutzschrift für die vernünftigen Verehrer Gottes« seit 1972 öffentlich vorliegt, sollte dieser aufrechte Hamburger Gelehrte wenigstens in unserer Gegenwart verstärkt Gehör finden.

Er schrieb zu der Meinung, die Kanaanäer seien moralisch minderwertig und deshalb auszurotten gewesen:

»Höret doch einmal, wie unsre Herrn Theologi das Verfahren des Josuä beschönigen. Die Cananiter, sprechen sie, waren böse Leute, dem Götzendienst und allen unnatürlichen Sünden fleischlicher Lüste ergeben. Da sie nun das Maaß ihrer Sünden erfüllet hatten, so wollte der gerechte Gott ihrer Boßheit nicht länger zusehen, sondern sie von dem Erdboden vertilget wissen. Er ist ja Herr über der Menschen Leben und Güter, und niemand wird ihn der Ungerechtigkeit beschuldigen, wenn er auch die äusserste Strafen an solchen Ruchlosen ausüben läst, und ihr gantzes Land und alles Vermögen andern schenket. Das ist es aber, was zu dem hart scheinenden Verfahren Ursache gegeben. Gott hatte seinem Volke, den Israeliten, aufgetragen, daß sie gleichsam seine Scharfrichter seyn, und niemand verschonen sollten, damit sie nicht auch dereinst von den Cananitern zu solchen Greueln verführt

55

würden; und dafür hatte er ihnen, so zu reden, alle confiscirte Güter derselben zum Besitz versprochen. Wie nun ein Scharfrichter dadurch kein Mörder wird, daß er auf Befehl des Regenten die Missethäter tödtet; noch ein
Gerichtsbediener dadurch ein Räuber wird, daß er sich confiscirte und ihm
geschenkte Güter zueignet: so muß man auch den Josua und die Israeliten
nach diesem Gesichtspunkt beurtheilen. Was andern Völkern unerlaubt und
höchst strafbar gewesen wäre, das war den Israeliten nicht allein erlaubt,
sondern sogar ihre Pflicht.

Wohl! so kommt doch alle Beschönigung des sonst ungerechten und
grausamen Verfahrens mit den Cananitern, auf einen unmittelbaren Befehl
Gottes, und auf die ihnen Schuld gegebene Verbrechen, an. Zum Beweise
des göttlichen Befehls muß denn die wunderthätige Hülfe dienen, welche
Gott dem Josua in der Eroberung von Jericho und anderwerts geleistet haben soll. Den Beweis aber von den so strafbaren Verbrechen der Cananiter
finden wir nirgends, als in der bloßen Beschuldigung Mosis und des Ge-
schichtschreibers« (Reimarus: 1972a: 481f).

Richtig, der Grad der Bosheit der Kanaanäer ist nur legendär und
wahrscheinlich erfunden worden, um die extreme Grausamkeit der
Massenausrottungen, von denen die biblischen Texte berichten, zu
rechtfertigen. Und sogar innerhalb des Alten Testaments werden
die Kanaanäer zwar oft als verabscheuenswert gezeichnet, doch mag
das meiste darauf zurückzuführen sein, daß die Israeliten sich von
den Kanaanäern entfremdet hatten und daher ihren Gegnern alle
Bosheiten zuschrieben. Dort aber, wo detaillierte Kontakte mit den
Kanaanäern und anderen nichthebräischen Völkern dargestellt werden, sind diese Bemerkungen relativ sympathisch (vgl. Gen 34) und
legen gerade nicht eine extreme Bosheit nahe. Natürlich wurden
einige religiöse Verirrungen während der Königszeit auf die Nach-
ahmung kanaanäischer Gebräuche zurückgeführt (2 Kön 16,3;
23,10). Die dort genannten Kinderopfer wurden durch Gesetze in
Israel untersagt. Das zeigt, daß sie auch hier tatsächlich vorkamen.
Doch ist das Abschlachten der gesamten Bevölkerung Kanaans *in-
klusive* der Kinder, deren Opfer man als abscheulich ansah, eine
merkwürdige Art, die Praxis des Kinderopfers zu überwinden. Kinderopfer, so fürchterlich sie sind, stellen daher keine Entschuldi-
gung dafür dar, die gesamte kanaanäische Population mit Haut und
Haaren auszurotten. Zudem gibt es, abgesehen von dieser Praxis,
keine Belege für eine ungewöhnliche Bosheit innerhalb der kanaanäischen Kultur.

Zum Genozid kann es
zu keiner Zeit verschiedene Meinungen geben

Ethisches Fehlverhalten, wie groß es auch ist, rechtfertigt niemals einen Genozid. Nun wurden diese Massaker aber gar nicht wegen der moralischen Minderwertigkeit der Bevölkerung angeordnet, sondern aus anderen Gründen. Die Kanaanäer wurden ausgerottet, weil sie in dem Land wohnten, das Israel nach dem Willen seines Gottes Jahwe bewohnen sollte. Wenn das Volk Gottes ein eigenes Land benötigte, warum hat man dann den Bewohnern der betreffenden Städte nicht die Emigration angeboten, anstatt sie – wie gesagt – abzuschlachten?

Aber sollte nicht die Zeitgebundenheit der Kriegsführung Israels von einer radikalen Verurteilung abhalten? Die hinter dieser Frage lauernde theologische Auffassung nimmt offenbar an, daß Genozid, der in der heutigen modernen Welt abzulehnen ist, zu einer früheren Zeit vielleicht akzeptabel war oder sich gegenüber den Grausamkeiten, zu denen moderne Menschen in gesteigertem Maße fähig sind, relativiert. All das ist schwach und apologetisch. Hinsichtlich einer gezielten Vertilgung ganzer Bevölkerungen durch Gottes Befehl gibt es keinen Raum für verschiedene Meinungen – damals nicht und in unserem Jahrhundert, in dem gräßliche Beispiele von Genozid stattgefunden haben, ebenfalls nicht (vgl. zum Obigen Barr 1993: 217).

Das Faktum bleibt: Der Befehl zur Ausrottung ist in höchstem Maße anstößig, auch wenn er damals von Gott höchstpersönlich gegeben wurde, oder genauer: auch wenn die damaligen Menschen glaubten, Gott ordne die Extermination an. Wer mir an dieser Stelle unhistorisches Denken vorwirft (»eine fremde Zeit kann man nicht an modernen Maßstäben messen«), dem sei empfohlen, sich die beim Bann vollzogenen Akte und ihre Konsequenzen zu vergegenwärtigen und konkret nachzuvollziehen, welche Verbrechen hier in Wirklichkeit verübt wurden: die gezielte Abschlachtung von Säuglingen, Kindern, Frauen und Männern. Erst dann wird man auch den emotionalen Aspekt meiner Frage verstehen, wie solche Akte noch etwas mit der Barmherzigkeit Gottes zu tun haben können und warum die biblischen Theologen so schnell von solchen angeblich von Gott angeordneten Verbrechen gegen die Menschheit zur Tagesordnung übergehen können.

C. Die Erwählung Israels und ihre Folgen für die anderen

Das Deuteronomium und seine Botschaft

Im Kontext der oben zitierten Texte zum Bann erscheint regelmäßig das Stichwort der Erwählung bzw. des Erwählt-Seins. Im 5. Buch Mose, dessen technische Bezeichnung »Deuteronomium« (= »zweites Gesetz«; im folgenden mit Dtn abgekürzt) sich aus der griechischen (Fehl-) Übersetzung von Dtn 17,18 ableitet, wo eigentlich von einer Gesetzesabschrift die Rede ist, kommt dieser Zusammenhang besonders klar zum Ausdruck. Dieses Buch verwendet das Verb »erwählen« als Vorzugswort und gebraucht es allein 30mal (im Verhältnis zu 153mal im gesamten Alten Testament).

Die Bedeutung des Dtn streichen Alttestamentler verschiedenster Richtungen positiv heraus, wie folgende drei Voten belegen mögen:

»Das ist das Besondere am Deuteronomium, daß hier eine ganze, volle Gesetzgebung hineingestellt ist in den Raum großer Hoffnung und Erwartung. Gottes Forderung an das Volk steht nicht zeitlos da, sondern ist überleuchtet von der Zusage, daß Israel neue Hoffnung erschlossen werden soll. Ein zu großer Hoffnung ermächtigtes Volk wird hier zum Gehorsam gegen die Gebote aufgefordert« (Zimmerli 1968: 86).

»Das Deuteronomium ist ein theologisches Buch. Es gibt wohl kein anderes Buch im Alten Testament, von dem dies so eindeutig gesagt werden könnte. Es entwirft eine Gesamtkonzeption vom Glauben Israels an den *einen* Gott und an die einmalige Beziehung dieses Gottes zu dem von ihm erwählten Volk, wie es sie vorher und nachher nicht gegeben hat. Dieser Entwurf ist von großer innerer Geschlossenheit« (Rendtorff 1983: 164).

»Das Deuteronomium oder 5. Buch Mose bildet in jeder Beziehung die Mitte des Alten Testaments. Dank seiner Ortsfestigkeit im späten 7. Jh. stellt es den zeitlichen und sachlichen Orientierungspunkt für die alttestamentliche Literatur- und Religionsgeschichte dar. Durch seine Nachwirkung in der Arbeit der dtr Schule hat es das Verständnis der Geschichte und der Prophetie Israels nachhaltig bestimmt. Die Bedeutung des Deuteronomiums für die weitere Geschichte des Judentums, aber auch des Christentums und des Islam ist kaum zu überschätzen« (Kaiser 1992: 91).

Zum Inhalt

Das Dtn ist überwiegend als Abschiedsrede des Mose an Israel stilisiert, die er am Ende der Wüstenwanderung vor dem Übertritt über den Jordan hält. Seine Mitte ist das dtn Gesetz in Dtn 12–26. Was voransteht und hernach folgt, ist relativ disparat und unübersichtlich. Ins Auge sticht der häufige Wechsel in der Anrede zwischen Singular und Plural sowie die Wiederholung von Dtn 6,6–9 in Dtn 11,18–20. Hieraus ergibt sich der zwingende Schluß, daß Kap. 12–26 nicht von vornherein als literarisches Ganzes verfaßt worden sein können. Allerdings weist auch das Rahmenwerk (Kap. 1–11 und 27–33) sprachlich und inhaltlich ein relativ einheitliches Gepräge auf (vgl. dazu die einleitenden drei Voten und die Einzelanalyse).

Über die Abgrenzung der verschiedenen Schichten besteht in der Forschung keine Übereinstimmung. Ich möchte im Anschluß an Martin Noth annehmen, daß Dtn 1,1–4,43 und Dtn 31–34 später zum Dtn hinzugefügt worden sind, mithin Dtn 4,44–30,20 das ursprüngliche Dtn enthalten (vgl. Noth 1963: 14).

Zur Einzelanalyse

In Kap. 6–11 finden sich mehrere liturgische Formulare für die Feier des Gesetzesvortrages. Allerdings sind die Grenzen der Einheiten oft verwischt, und das Ganze, jetzt als fiktive Rede des Mose zur Literatur geworden, hat sich von seinem ursprünglichen Sitz im Leben im praktisch-kultischen Bereich entfernt (vgl. v. Rad 1948: 36f).

In Dtn 7,6–8 heißt es: »(6) Denn du bist Jahwe ein heiliges Volk, deinem Gott. Dich hat Jahwe, dein Gott, *erwählt* zum Volk des Eigentums aus allen Völkern, die auf Erden sind. (7) Nicht hat euch Jahwe angenommen und euch *erwählt*, weil ihr größer wäret als alle Völker – denn du bist das kleinste unter allen Völkern –, (8) sondern weil er euch geliebt hat und damit er seinen Eid hielte, den er eueren Vätern geschworen hat. Darum hat er euch herausgeführt mit mächtiger Hand und hat dich erlöst von der Knechtschaft, aus der Hand des Pharao, des Königs von Ägypten.«

Zu beachten ist, daß in unmittelbarem Kontext dieser Stelle gesagt wird: »(1) Wenn dich Jahwe, dein Gott, ins Land bringt, in das du kommen wirst, es einzunehmen, und er ausrottet viele Völker vor dir her ..., die größer und stärker sind als du, (2) und wenn sie Jahwe, dein Gott, vor dir dahingibt, daß du sie schlägst, so sollst du an ihnen den Bann vollstrecken. Du sollst keinen Bund mit ihnen schließen und keine Gnade gegen sie üben« (Dtn 7,1–2).

Eine ähnliche Verhältnisbestimmung von Vertilgung der Bewohner Kanaans und Erwählung Israels findet sich in Dtn 9,1–5:

»(1) Höre, Israel, du wirst heute über den Jordan gehen, damit du hinein-
kommst, das Land der Völker einzunehmen, die größer und stärker sind als
du, große Städte, ummauert bis an den Himmel, (2) ein großes, hochge-
wachsenes Volk, die Anakiter, die du kennst, von denen du auch hast sagen
hören: Wer kann wider die Anakiter bestehen? (3) So sollst du nun heute
wissen, daß Jahwe, dein Gott, vor dir hergeht, ein verzehrendes Feuer. Er
wird sie vertilgen und wird sie demütigen vor dir, und du wirst sie vertreiben
und bald vernichten, wie dir Jahwe zugesagt hat. (4) Wenn nun Jahwe, dein
Gott, sie ausgestoßen hat vor dir her, so sprich nicht in deinem Herzen:
Jahwe hat mich hereingeführt, dies Land einzunehmen, um meiner Gerechtigkeit willen –, da doch Jahwe diese Völker vertreibt vor dir her, um ihres
gottlosen Treibens willen. (5) Denn du kommst nicht herein, ihr Land einzunehmen, um deiner Gerechtigkeit und deines aufrichtigen Herzens willen, sondern Jahwe, dein Gott, vertreibt diese Völker um ihres gottlosen
Treibens willen, damit er das Wort halte, das er geschworen hat deinen Vätern Abraham, Isaak und Jakob.«

Zwar fällt hier der explizite Ausdruck »Erwählung« nicht, doch ist
diese zweifellos vorausgesetzt. So wird das Eingreifen Jahwes für
Israel durch die Bosheit der Völker *und* das Wort motiviert, das er
Abraham, Israel und Jakob geschworen hat. Man vgl. ebenso Dtn
7,8: Weil Jahwe sein Volk liebt und seinen den Vätern gegebenen
Eid einhalten wollte, darum hat er sein Volk erwählt. Ferner sei auf
die Ähnlichkeit zwischen Dtn 8 und Dtn 9 hingewiesen. Beide Kapitel berichten vom großartigen Tun Jahwes an Israel. Er führt es in
das fruchtbare Land hinein (8,7f/9,1) und vernichtet seine Feinde
(8,20/9,3). Gleichzeitig wird die Möglichkeit scharf abgewehrt, daß
Israel sich Jahwes herrliche Taten selbst zuschreiben dürfe (8,17/
9,4). Beide Einheiten betonen jeweils den Bund mit den Erzvätern
und damit faktisch die Erwählung Israels.

Die Zukunft des Volkes besteht den oben zitierten Texten zufolge
darin, daß es von Jahwe mit einem reichen Land beschenkt werden
wird. Dazu gehört dann aber auch die Zentralisierung seines Got-
tesdienstes. Dies wird folgendermaßen begründet: »(8) Ihr sollt es
nicht so halten, wie wir es heute hier tun, ein jeder, was ihm recht
dünkt. (9) Denn ihr seid bisher noch nicht zur Ruhe und zu dem
Erbteil gekommen, das dir Jahwe, dein Gott, geben wird. (10) Ihr
werdet aber über den Jordan gehen und in dem Lande wohnen, das
euch Jahwe, euer Gott, zum Erbe austeilen wird, und er wird euch
Ruhe geben vor allen euren Feinden um euch her, und ihr werdet
sicher wohnen« (Dtn 12,8–10). Dann aber schafft Jahwe für Israel
Ruhe vor seinen Feinden: »Wenn nun Jahwe, dein Gott, dich vor

allen deinen Feinden ringsumher zur Ruhe bringt im Lande, das dir Jahwe, dein Gott, zum Erbe gibt, es einzunehmen, so sollst du die Erinnerung an die Amalekiter austilgen unter dem Himmel. Das vergiß nicht!« (Dtn 25,19).

Israel ist für Jahwe zum heiligen Volk geworden, so daß sich die Völker, die es umringen, vor ihm fürchten werden: »(9) Jahwe wird dich zum heiligen Volk für sich erheben, wie er dir geschworen hat, weil du die Gebote Jahwes, deines Gottes, hältst und in seinen Wegen wandelst. (10) Und alle Völker auf Erden werden sehen, daß über dir der Name Jahwes genannt ist, und werden sich vor dir fürchten« (Dtn 28,9–10). Freilich gilt in der Gegenwart für Israel, daß es »noch nicht zur Ruhe und zum Erbteil gekommen ist« (Dtn 12,9).

Was ist das für eine Zeit, in der die Problematik der Gegenwart in den Mantel der vorstaatlichen Vergangenheit gehüllt wird und in der das Dtn jene unerhörte Aktualisierung der Mosezeit vornahm? In welchen Kreisen wurde es verfaßt? Wie versuchten seine Autoren das Rad der Geschichte herumzuwerfen? Und wie versteht dann das Dtn den Heiligen Krieg, zu dem es zwar aufruft, der aber eigentlich schon bereits ein halbes Jahrtausend vorher stattgefunden haben muß?

Nur eine historische Analyse kann darüber Aufschluß geben und dann auch zu einem besseren Verständnis der Absicht des Dtn führen.

Das Deuteronomium und seine Auffindung unter Josia

Ein Glücksfall für die Forschung besteht darin, daß höchstwahrscheinlich der Bericht von der Auffindung des Dtn erhalten ist. Der diesbezügliche Text lautet wie folgt:

2 Kön 22,1 – 23,24

»(22,1) Josia war acht Jahre alt, als er König wurde; und er regierte 31 Jahre zu Jerusalem…

(3) Und im achtzehnten Jahr des Königs Josia sandte der König den Schreiber Schafan, den Sohn Azaljas, des Sohnes Meschullams, in das Haus Jahwes und sprach: (4) Geh hinauf zu dem Hohenpriester Hilkija, daß er abgebe alles Geld, was zum Hause Jahwes gebracht ist, das die Hüter an der Schwelle gesammelt haben vom Volk…

(8) Und der Hohepriester Hilkija sprach zu dem Schreiber Schafan: Ich habe dieses Gesetzbuch gefunden im Hause Jahwes. Und Hilkija gab das

Buch Schafan, und der las es... (10) Dazu sagte der Schreiber Schafan dem König: Der Priester Hilkija gab mir ein Buch. Und Schafan las es vor dem König. (11) Als aber der König die Worte des Gesetzbuches hörte, zerriß er seine Kleider. (12) Und der König gebot... und sprach: (13) Geht hin und befragt Jahwe für mich, für das Volk und für ganz Juda über die Worte dieses Buches, das gefunden ist; denn groß ist der Grimm Jahwes, der über uns entbrannt ist, weil unsere Väter nicht den Worten dieses Buches gehorcht haben und nicht alles taten, was darin geschrieben ist.

(14) Da gingen hin der Priester Hilkija, Ahikam, Achbor, Schafan und Asaja zu der Prophetin Hulda, ...und sie redeten mit ihr. (15) Sie aber sprach zu ihnen:... (18) Dem König von Juda, der euch gesandt hat, Jahwe zu befragen, sollt ihr sagen: So spricht Jahwe, der Gott Israels: Was die Worte angeht, die du gehört hast: (19) Weil du im Herzen betroffen bist und dich gedemütigt hast vor Jahwe, als du hörtest, was ich geredet habe gegen diese Stätte und ihre Einwohner, daß sie sollen zum Entsetzen und zum Fluch werden, und weil du deine Kleider zerrissen hast und vor mir geweint hast, so habe ich es auch erhört, spricht Jahwe. (20) Darum will ich dich zu deinen Vätern versammeln, damit du mit Frieden in dein Grab kommst und deine Augen nicht sehen all das Unheil, das ich über diese Stätte bringen will. Und sie sagten es dem König wieder.

(23,1) Und der König sandte hin, und es versammelten sich bei ihm alle Ältesten Judas und Jerusalems. (2) Und der König ging hinauf ins Haus Jahwes und alle Männer Judas und alle Einwohner von Jerusalem mit ihm, Priester und Propheten und alles Volk, klein und groß. Und man las vor ihren Ohren alle Worte aus dem Buch des Bundes, das im Hause Jahwes gefunden war. (3) Und der König trat an die Säule und schloß einen Bund vor Jahwe, daß sie Jahwe nachwandeln sollten und seine Gebote, Ordnungen und Rechte halten von ganzem Herzen und von ganzer Seele, um zu erfüllen die Worte dieses Bundes, die geschrieben stehen in diesem Buch. Und alles Volk trat in den Bund.

(4) Und der König gebot dem Hohenpriester Hilkija und dem zweitobersten Priester und den Hütern der Schwelle, daß sie aus dem Tempel Jahwes hinaustun sollten alle Geräte, die dem Baal und und der Aschera und allem Heer des Himmels gemacht waren. Und er ließ sie verbrennen draußen vor Jerusalem im Tal Kidron und ihre Asche nach Bethel bringen. (5) Und er setzte die Götzenpriester ab, die die Könige von Juda eingesetzt hatten, um auf den Höhen zu opfern in den Städten Judas und um Jerusalem her; auch die dem Baal geopfert hatten, der Sonne und dem Mond und den Planeten und allem Heer am Himmel. (6) Und er ließ das Bild der Aschera aus dem Hause Jahwes bringen hinaus vor Jerusalem an den Bach Kidron und verbrennen am Bach Kidron und zu Staub mahlen und den Staub auf die Gräber des einfachen Volks werfen. (7) Und er brach ab die Häuser der Tempelhurer, die an dem Hause Jahwes waren, in denen die Frauen Gewänder für die Aschera wirkten. (8) Und er ließ kommen alle Priester aus den Städten Judas und machte unrein die Höhen, wo die Priester opferten, von Geba an

bis nach Beerscheba und brach ab die Höhe der Feldgeister, die vor dem Tore Joschuas, des Stadtvogts, war zur Linken, wenn man zum Tor der Stadt hineingeht. (9) Doch durften die Priester der Höhen nicht opfern auf dem Altar Jahwes in Jerusalem, sondern aßen ungesäuertes Brot unter ihren Brüdern. (10) Er machte auch unrein das Tofet im Tal Ben-Hinnom, damit niemand seinen Sohn oder seine Tochter dem Moloch durchs Feuer gehen ließe. (11) Er schaffte die Rosse ab, die die Könige von Juda für den Dienst der Sonne bestimmt hatten am Eingang des Hauses Jahwes, bei der Kammer Netan-Melechs, die am Parwar-Hause war, und die Wagen der Sonne verbrannte er mit Feuer. (12) Und die Altäre auf dem Dach, dem Obergemach des Ahas, die die Könige von Juda gemacht hatten, und die Altäre, die Manasse gemacht hatte in den beiden Vorhöfen des Hauses Jahwes, brach der König ab und ging hin und warf ihren Staub in den Bach Kidron. (13) Auch die Höhen, die östlich von Jerusalem waren, zur Rechten am Berge des Verderbens, die Salomo, der König von Israel, gebaut hatte der Astarte, dem greulichen Götzen von Sidon, und Kemosch, dem greulichen Götzen von Moab, und Milkom, dem greulichen Götzen der Ammoniter, machte der König unrein (14) und zerbrach die Steinmale und hieb die Ascherabilder um und füllte ihre Stätte mit Menschenknochen. (15) Auch den Altar in Bethel, die Höhe, die Jerobeam gemacht hatte, der Sohn Nebats, der Israel sündigen machte, diesen Altar brach er ab, zerschlug seine Steine und machte sie zu Staub und verbrannte das Bild der Aschera. (16) Und Josia wandte sich um und sah die Gräber, die auf dem Berge waren, und sandte hin und ließ die Knochen aus den Gräbern holen und verbrannte sie auf dem Altar und machte ihn unrein nach dem Wort Jahwes, das der Mann Gottes ausgerufen hatte, als er es verkündigte. (17) Und er sprach: Was ist das für ein Grabmal, das ich sehe? Und die Leute in der Stadt sprachen zu ihm: Es ist das Grab des Mannes Gottes, der von Juda kam und ausrief, was du getan hast an dem Altar in Bethel. (18) Und er sprach: Laßt ihn liegen, niemand rühre seine Gebeine an! Und so blieben mit seinen Gebeinen auch die Gebeine des Propheten unberührt, der von Samaria gekommen war.

(19) Und er entfernte auch alle Heiligtümer auf den Höhen in den Städten Samariens, die die Könige von Israel gemacht hatten, um Jahwe zu erzürnen, und tat mit ihnen, ganz wie er in Bethel getan hatte. (20) Und er ließ alle Priester der Höhen, die dort waren, schlachten auf den Altären und verbrannte Menschengebeine darauf und kam nach Jerusalem zurück.

(21) Und der König gebot dem Volk: Haltet Jahwe, eurem Gott, Passah, wie es geschrieben steht in diesem Buch des Bundes! (22) Denn es war kein Passah so gehalten worden wie dies von der Zeit der Richter an, die Israel gerichtet haben, und in allen Zeiten der Könige von Israel und der Könige von Juda, (23) sondern im 18. Jahr des Königs Josia wurde in Jerusalem Jahwe dies Passah gehalten.

(24) Auch rottete Josia aus alle Geisterbeschwörer, Zeichendeuter, Abgötter und Götzen und alle Greuel, die im Lande Juda und in Jerusalem zu sehen waren, damit er erfüllte die Worte des Gesetzes, die geschrieben standen in dem Buch, das der Priester Hilkija im Hause Jahwes gefunden hatte.«

Wer diesen Text liest, wird bis zum Beweis des Gegenteils das hier beschriebene Gesetz für historisch existent halten und daher nach dem Vorhandensein des Buches suchen (vgl. zum Folgenden Smend 1989: 76f).

Das wichtigste Indiz für die Identität des Gesetzbuches mit dem Dtn liegt in der Entsprechung zwischen den Hauptmaßnahmen des Königs und den Bestimmungen des Dtn:

	2 Kön	Dtn
Beseitigung		
– der Ascheren (= zum Kult der Göttin Aschera gehörige Holzpfähle)	23,4.6f.14	12,3; 16,21
– des Gestirndienstes	23,4f.11	17,3
– der Tempelprostitution	23,7	23,18
– der auswärtigen Heiligtümer (»Höhen«) und der Fremdkulte	23,8.13.15.19f	12f
– des Kinderopfers	23,10	12,31; 18,10
– der Mazzeben (= Kultsteine)	23,14	12,3; 16,22
– der Totenbeschwörung	23,24	18,11
Passahfeier in Jerusalem	23,21–23	16,1–8

Zusätzlich sprechen zwei weitere Argumente für die historische Plausibilität der Erzählung: *erstens* der normative Charakter, den das dtn Gesetz im Deuteronomistischen Geschichtswerk, zu dem 2 Kön 22f ja gehört, besitzt, und *zweitens* die Berichterstattung in 2 Kön 22f mit dem König als Zentralfigur, der Befragung der ansonsten unbekannten Prophetin Hulda, der Einsetzung hoher, teilweise nur vorexilisch bekannter Würdenträger bei bestimmen Aufgaben und der Beteiligung der Ältesten von Juda und Jerusalem (vgl. Spieckermann 1982: 155ff).

Zwar wird man nicht an das gesamte Dtn in seiner heute vorliegenden Gestalt denken können, das hier gefunden worden ist, da Kap. 1–3(4) und Kap. 31–34 sekundär hinzugewachsen sind. Außerdem ist es äußerst wahrscheinlich, daß auch noch spätere nachexilische Erweiterungen vorgenommen worden sind. Das alles kann aber nichts daran ändern, daß die Urform des Dtn mit dem unter Josia gefundenen Buch gleichzusetzen ist. In diesem Falle wäre das Jahr 622 v. Chr. der Terminus ante quem der Entstehung des Buches. Es mag noch ältere Formen des Dtn gegeben haben, die aber im folgenden ebenso wie die jüngeren außer Betracht bleiben. Historisch bedeutet dies, daß im Jahre 622 die Jerusalemer Priesterschaft dem König ein Gesetzbuch zuspielte.

Durch den Buch-Fund gelangte das Dtn in die Hände des Königs Josia. Dieser erkannte die Bedeutung seines Inhalts für die Neugestaltung der Jahwereligion und gleichfalls die notwendigen politischen Konsequenzen. Angesichts der Radikalität der politischen und theologischen Forderungen des Dtn ist es bemerkenswert, daß sich Josia mit ihnen so schnell einverstanden erklärte und sie sofort in die Tat umsetzte. Dies mag sich daraus erklären, daß er (wie einst Joas; vgl. 2 Kön 12,3) von Priestern erzogen wurde, denen dtn Gedankengut geläufig war. In diesem Fall hätte er das dtn Gesetz im 18. Jahr seiner Regierung zwar nicht zum ersten Mal gehört, wohl aber zum ersten Mal gelesen (vgl. Spieckermann 1982: 379).

Mit diesen Bemerkungen beginnen aber erst die historischen Fragen. Wurde die Urform des Dtn wirklich »gefunden« oder die Geschichte seiner Entdeckung nur erfunden? Zwar lehnen heutzutage alttestamentliche Theologen die Möglichkeit des frommen Betrugs ab. Spieckermann zufolge spricht dagegen schon die Gegebenheit der Zeit und die Erzählung sowie die gute theologische Einsicht, die hinter dem Dtn stehe (vgl. Spieckermann 1982: 156f). Doch sind diese Gründe keine Alternative zum frommen Betrug. Denn auch einen Betrüger können ehrenwerte theologische Motive leiten. (Eine andere Frage ist nur, ob dies *heute noch* glaubwürdig ist.) In diesem Fall kommt es darauf an, ob es gleichartige »Ereignisse« von Bücherfunden in der Antike gegeben hat, die den »Fund« unter Josia besser verstehen helfen. »Gleichartige Ereignisse erläutern sich gegenseitig und ihre Vergleichung führt zu einem tieferen Verständnis des Einzelfalles. Diesen in seiner historischen Eigenart zu erfassen, bleibt immer die letzte Aufgabe der Geschichte« (Meyer 1912; 12; vgl. Speyer 1970: 145f).

Im folgenden seien daher zwei antike Fundberichte sowie ein moderner vorgestellt und untersucht. Vorweg sei betont, daß diese sowohl aus der heidnischen (vgl. Leipoldt/Morenz 1953: 28f) als auch aus der christlichen Antike (vgl. Speyer 1971: 68) um ein Vielfaches zu vermehren wären.

Die wiedergefundenen Bücher des Königs Numa

Der Fund der Bücher des Königs Numa, des legendären zweiten Königs von Rom, im Jahre 181 v. Chr. ist der älteste der römischen Geschichte. Der ursprüngliche Bericht darüber ist aus verschiedenen Schriftstellern zu gewinnen. Ich gebe ihn im folgenden in der Fassung des älteren Plinius (23/24–79 n. Chr.), der mehrere ältere, namentlich genannte Schriftsteller ausschreibt, dann in der des Kirchenvaters Augustin, die auf Varro (geb. 116 v. Chr.) zurückgeht. Die Versionen bei Livius (40,29,3–14) und bei Plutarch (Numa 22) können hier auf sich beruhen.

Plinius, Naturgeschichte 13,84–87: »Cassius Hemina, der erste römische Annalist (Mitte des 2. Jh.s v. Chr.; G. L.), überliefert im vierten Buche, der Schreiber Gnaeus Terentius habe, als er seinen Acker auf dem Janiculus wieder umgrub, einen Sarg ausgegraben, in dem der Römerkönig Numa beigesetzt gewesen sei. In dem gleichen Sarg wurden seine Bücher gefunden. Dies geschah unter den Konsuln Publius Cornelius Cethegus, dem Sohne des Lucius, und Marcus Baebius Tamphilus, dem Sohne des Quintus (d.h. im Jahre 181 v. Chr.; G. L.). Von der Herrschaft des Numa bis zu den genannten Konsuln zählt man 535 Jahre. Die Bücher aber bestanden aus Papyrus. Diese Tatsache ist deswegen als ein um so größeres Wunder zu erachten, weil die vergrabenen Bücher so lange gehalten haben. Daher will ich die Worte des Hemina selbst anführen: ›Andere verwunderten sich, wie jene Bücher erhalten bleiben konnten; jener (sc. der Finder Gnaeus Terentius) gab dazu folgenden Grund an: Ungefähr in der Mitte des Sarges habe ein viereckiger Stein gelegen, der nach allen Seiten von Schnüren, die mit Wachs überzogen waren, umschlossen war. In jenem Stein seien obendrein drei Rollen gewesen; deshalb glaube er, seien sie nicht verfault. Auch seien die Bücher mit Zedernöl behandelt worden; deswegen, glaube er, hätten die Bücherwürmer sie nicht angegriffen. In jenen Rollen befanden sich Schriften pythagoreischer Philosophie.‹ Sie seien vom Prätor Quintus Petilius verbrannt worden, weil es keine philosophischen Schriften waren. Dasselbe berichtet Piso Censorius im ersten Buche seiner Denkwürdigkeiten. Es seien aber sieben Bücher mit Pontifikalrecht und ebenso viele pythagoreische gewesen. Tuditanus im dreizehnten Buch weiß von Büchern mit Bestimmungen des Numa. Varro im siebten Buch der Antiquitates rerum humanarum und Antias im zweiten Buch behaupten, es seien zwölf lateinische Bücher mit Pontifikalrecht und viele griechische gewesen, welche Lehren der Philosophie enthielten. Antias fügt im dritten Buch auch den Senatsbeschluß bei, aufgrund dessen sie verbrannt werden sollten.«

Augustin, Gottesstaat VII 34: Varro schreibe in seinem Buch über den Götterkult: »Ein gewisser Terentius besaß am Janiculus ein Grundstück, und sein Ackerknecht stieß beim Pflügen des Bodens unweit der Grabstätte des Numa Pompilius auf dessen Bücher, in denen die Ursachen der gottesdienstlichen Bräuche beschrieben waren. Terentius brachte diese Bücher zum Prätor nach Rom. Kaum hatte der den Anfang geprüft, da übergab er die wichtige Sache dem Senat. Als sie dort einige der ersten Ursachen lasen, warum dies oder jenes bei den Feiern eingeführt worden ist, hat der Senat dem toten Numa beigestimmt, und die versammelten Väter beschlossen als frommgesinnte Männer, daß der Prätor diese Bücher zu verbrennen habe.«

Im Altertum hat niemand an der Tatsächlichkeit des Fundes gezweifelt. Wohl aber wurde allgemein die Behauptung zurückgewiesen, Numa sei Schüler des Pythagoras gewesen. Heutzutage hält man die damals entdeckten Bücher für »Fälschungen neupythagoreischer Kreise… Eine Bedingung für ihr Entstehen war die wiedererwachte Begeisterung für Pythagoras und seine Schule« (Speyer 1970: 54; vgl. auch Zeller 1963: 92–174, bes. 99–103, der die neupythagoräische Herkunft der Bücher relativiert). Auch hier gilt das allgemeine Gesetz: »jede Partei pflegt ihre pseudonymen Schriften solchen Verfassern beizulegen, die ihr selbst und den Lesern, auf welche dieselben zunächst berechnet sind, als Autorität gelten; am liebsten daher ihrem Stifter: die Orphiker Orpheus, die Pythagoreer Pythagoras« (Zeller 1963: 102).

Die wiedergefundenen Bücher des Alexander von Abonuteichos
Lukian von Samosata (geb. ca. 120 n. Chr.) schreibt in seiner Schrift »Alexander, der falsche Prophet«: Alexander und sein Begleiter Coconnas begaben sich nach Chalcedon »und vergruben in dem dortigen uralten Apollotempel einige eherne Tafeln mit einer Aufschrift des Inhalts, Äskulap werde nächstens mit seinem Vater Apollo nach Pontus kommen und seinen Sitz in Abonuteichos nehmen. Diese Tafeln wurden sorgfältig so gelegt, daß sie gefunden werden mußten; und so verbreitete sich schnell die Sage davon durch Bithynien und in ganz Pontus; und in Abonuteichos, wohin sie zuerst gelangte, beschlossen die Einwohner unverzüglich, einen Tempel zu erbauen, und fingen wirklich an, ein Fundament zu graben.«
Lukians Traktat ist eine Kampfschrift gegen Alexander, dessen Praktiken darauf zielten, die Wunderglaubigkeit des Volkes zu erhöhen und damit den Glauben an seine eigene Person zu stärken. Das im obigen Text erzählte Vergraben von Tafeln entspringt kaum der Polemik Lukians und ist glaubwürdig. Es stellt so den Charakter Alexanders in das rechte Licht und verleiht seinem Tun einen anrüchigen Zug.

Der Fund des Buches Mormon durch Joseph Smith
Der folgenreichste Buchfund der Neuzeit ist ohne Zweifel der des Buches Mormon durch Joseph Smith (1805–1844). Smith hat darüber, wie er in den Besitz des Buches Mormon gekommen ist, einen Bericht verfaßt, der in den Hauptpunkten in allen Ausgaben des Buches Mormon abgedruckt ist. Hier die wichtigsten Auszüge:

»Während ich so im Gebet zu Gott begriffen war, gewahrte ich, daß ein Licht in meinem Zimmer erschien, das zunahm, bis der Raum heller war als am Mittag, worauf alsbald ein Engel neben meinem Bett erschien, in der Luft stehend, denn seine Füße berührten den Boden nicht...

Er nannte mich beim Namen und sagte mir, er sei als ein Bote von der Gegenwart Gottes zu mir gesandt worden und heiße Moroni; Gott habe ein Werk für mich zu tun, und mein Name werde bei allen Völkern, Geschlechtern und Sprachen für gut oder böse gelten, oder man werde bei allen Völkern sowohl Gutes als auch Böses von mir sagen.

Er sagte, es sei ein auf goldenen Platten geschriebenes Buch aufbewahrt, das einen Bericht von den frühern Einwohnern dieses Kontinents und ihrem Ursprung gebe; auch sei darin die Fülle des ewigen Evangeliums enthalten, wie es der Heiland jenen alten Einwohnern verkündigt habe.

Mit den Platten seien auch zwei Steine in silbernem Bogen aufbewahrt worden; diese an einem Brustschild befestigten Steine bildeten den sogenannten Urim und Thummim, und wer ihn besaß und gebrauchte, sei in alten oder früheren Zeiten ›Seher‹ genannt worden, und Gott habe ihn für die Übersetzung des Buches bereitet.

Weiter sagte er, wann ich die Platten, von denen er gesprochen, erhalten werde – die Zeit, sie zu erhalten, sei aber noch nicht gekommen –, so dürfe ich sie niemandem zeigen, auch nicht den Brustschild mit dem Urim und Thummim, sondern ich dürfe sie nur solche sehen lassen, denen sie zu zeigen mir geboten werde, sonst würde ich umkommen. Während er mit mir über die Platten sprach, sah ich im Geiste den Ort, wo sie aufbewahrt waren, und zwar so klar und deutlich, daß ich ihn sofort wiedererkannte, als ich ihn besuchte« (1955: Vf).

»Endlich war die Zeit da, wo ich die Platten, den Urim und Thummim und den Brustschild erhalten sollte. Am zweiundzwanzigsten September des Jahres achtzehnhundertsiebenundzwanzig – ich hatte mich wie gewohnt am Ende des Jahres an den Ort begeben, wo sich die Platten befanden – übergab sie mir derselbe himmlische Bote, wobei er mir einschärfte, daß ich für sie verantwortlich gehalten werde; daß ich vernichtet werden würde, wenn sie mir durch meine Nachlässigkeit oder Sorglosigkeit verlorengehen sollten; daß sie aber beschützt werden würden, wenn ich mich mit allen Kräften bestreben werde, sie zu bewahren bis er, der Bote, sie zurückverlangen werde.

Bald erfuhr ich auch den Grund, warum ich so strenge Ermahnungen erhalten hatte, sie sicher zu bewahren, und weshalb der Bote mir gesagt, er werde die Platten wieder an sich nehmen, sobald ich getan, was mir aufgetragen sei. Kaum war es bekannt geworden, daß die Platten in meinem Besitz seien, als auch schon die größten Anstrengungen gemacht wurden, sie mir zu entwinden. Jede nur erdenkliche List wurde zu diesem Zweck ersonnen. Die Verfolgung wurde erbitterter und heftiger denn zuvor, und ganze Scharen von Menschen lagen beständig auf der Lauer, um mir die Platten wenn möglich zu entreißen. Aber dank der Weisheit Gottes blieben sie unversehrt in meinen Händen, bis ich vollbracht hatte, was von mir verlangt worden war. Als dann der Bote kam und sie, wie vereinbart, zurückverlangte, übergab ich sie ihm, und er hat sie bis auf diesen Tag in seiner Obhut – den zweiten Tag des Monats Mai des Jahres achtzehnhundertundachtunddreißig« (1955: VIIf).

An der Echtheit des Erlebens von Joseph Smith ist kein Zweifel möglich. Er ist Prophet und Religionsstifter. Wie die Arbeit des Althistorikers Eduard Meyer (1912) gezeigt hat, muß man Joseph Smith den subjektiven Glauben an die Inspiration durch Gott zugestehen. Die von ihm gegründete Bewegung, deren Mitgliederzuwachs prozentual heute den aller anderen christlichen Kirchen übertrifft, kennt vor allem in ihrer Anfangszeit, ebenso wie diese, Visionen, Wunderheilungen und Zungenreden. Auch lassen Smiths Wirkung auf die Umwelt und die Geschichte der Mormonenkirche daran zweifeln, daß ausschließlich plumper Betrug am Anfang steht.

Von christlich-theologischer Seite wird im Zusammenhang des Buches Mormon zwar oft von »totaler Fälschung« gesprochen. »Dem Buch Mormon liegt... eine Geschichtskonstruktion zugrunde (sc. über die nach Amerika ausgewanderten Israeliten). Es handelt sich um eine *Konstruktion*, d. h. um ein Nachzeichnen der Geschichte, wie sie verlaufen sein müßte. Anders ausgedrückt: Die Ideale der Gegenwart werden in diesem Buche in die Geschichte zurückverlegt, und deren Verlauf wird so gezeichnet, wie er nach diesen Idealen sich eigentlich vollzogen haben müßte« (Meinhold 1962: 576). Doch gilt dieses Urteil formal auch für das Dtn, das mehr als 600 Jahre nach den von ihm beschriebenen Ereignissen verfaßt wurde, und beispielsweise auch für die Apostelgeschichte (vgl. Lüdemann 1987), obwohl sie der faktischen Geschichte viel näher steht als das Buch Mormon und das Dtn. Peter Meinholds Urteil ist also ungerecht und übersieht, daß echte Religion im geschichtlichen Bereich immer nachträglich konstruieren muß, da Realität und religiöse Überzeugung erfahrungsgemäß immer in Spannung zueinander stehen.

Fälschung oder echte religiöse Pseudepigraphie?

Der heute maßgebliche Erforscher der Pseudepigraphie (= Falschzuschreibung), Wolfgang Speyer, hat den Begriff der ›echten religiösen Pseudepigraphie‹ eingeführt, um eine bestimmte Art der Pseudepigraphie, die gleichsam unter höherem Zwang zustande gekommen ist – man denke an die Apokalyptiker und an bestimmte Orakel –, von der Fälschung und der literarischen Erfindung abzugrenzen. Nicht der literarische oder religiös-ethische Gehalt entscheide, ob in einem bestimmten Fall ›echte religiöse Pseudepigraphie‹ oder eine Fälschung im Gewand eines religiösen Pseudepigraphons vorliege. Vielmehr komme es darauf an, ob der Schriftsteller glaubte, bei der Abfassung seines literarischen Werkes nur als Werkzeug seines Gottes gehandelt zu haben, oder ob er, aus welchen Gründen auch immer, einfach täuschen wollte (vgl. Speyer 1977: 234–246).

Unter dieser Voraussetzung fallen von den drei oben erörterten Parallelen zum Dtn die Tafeln des Alexander von Abonuteichos in die Kategorie Fälschung, Joseph Smiths Platten unter die der echten religiösen Pseudepigraphie, während die Bücher des Numa nicht sicher eingeordnet werden können. Hier sind beide Kategorien möglich.

Das Deuteronomium als Utopie echter religiöser Pseudepigraphie

Welcher Kategorie ist nun das Dtn zuzuordnen? Wir sagten bereits, sein Inhalt weise auf ein Grundsatzprogramm, das von einer Gruppe von Jerusalemer Priestern von langer Hand entworfen worden sei. Weiter mag man einen gewissen Einfluß des »Volkes des Landes« mitveranschlagen, das Josia, gerade achtjährig, auf den Thron gehoben hatte (2 Kön 21,23f). »Es handelt sich dabei um eine politisch aktiv werdende Mittelschicht der grundbesitzenden Bauern Judas« (Albertz 1992: 313). Aber auch Teile der weisheitlich geschulten Aristokratengruppen wie Schafan und der Schreiber-Zirkel um ihn herum stehen hinter der Reform des Dtn. Es geht nicht auf eine spontane Offenbarung zurück, sondern ist in sorgfältiger theologischer Arbeit entwickelt. Seine Vf. sehen sich als Werkzeuge Gottes. Dann aber ist das Dtn als *echte religiöse Pseudepigraphie* zu bezeichnen. Um das Ansehen des Dtn zu steigern, plazierten seine Verfasser es im Tempel, damit es dort gefunden werde, oder behaupteten nur seine Auffindung. Für dieses Vorgehen mag gelten, was Friedrich Nietzsche zum Phänomen der Fälschung gesagt hat: »›Das habe ich getan‹, sagt mein Gedächtnis. ›Das kann ich nicht getan haben‹ – sagt mein Stolz und bleibt unerbittlich. Endlich gibt das Gedächtnis nach« (Jenseits von Gut und Böse. Vorspiel einer Philosophie der Zukunft [68]; Nietzsche 1955: 625).

Diese echte religiöse Pseudepigraphie des Dtn ist demnach eine von mehreren judäischen Gruppen fabrizierte Utopie, die unter anderem nicht nur eine strenge Kultzentralisation forderte, sondern auch und vor allem die Reinheit des Kultus sowie die rigorose Abgrenzung von anderen Völkern. Da Israel das heilige, von Jahwe auserwählte Volk ist, muß es den Kontakt mit anderen Völkern gänzlich meiden; politische Neutralität und religiöse Toleranz sind ausgeschlossen. »Es handelt sich also beim deuteronomischen Absonderungsprogramm nicht um eine singuläre Entgleisung, sondern um das Herzstück einer Theologie« (Perlitt 1972: 56). Das Bestreben, die Sonderexistenz Israels aufrechtzuerhalten und es um jeden Preis vor fremden Einflüssen zu schützen, brachte fast zwangsläufig eine Kriegsideologie hervor, die auch das uralte Banngebot in sich aufnehmen konnte. Und so ist es nicht verwunderlich, daß diese Ideologie, als das Dtn unter Josia die Würde einer offiziellen Staatstheologie erhielt, tatsächlich militärische Aktionen zur Konsequenz hatte. So unternahm König Josia den Versuch, das Reich Davids durch Eroberung des Nordreiches noch einmal aufzurichten (vgl. Perlitt 1972: 51). Doch scheiterten diese hochfliegenden Pläne vorzeitig, weil Josia im Jahre 609 bei Megiddo getötet wurde.

Gekoppelt mit den Gedanken der Einheit und Reinheit des Kultus ist die Doktrin der Erwählung, welche die Klassengegensätze der judäischen Gesellschaft überwinden wollte und »ausgesprochen humane Züge« (Albertz 1992: 347) trug, indem fortan grundbesitzlose Gruppen einen regelrechten Versorgungsanspruch erhielten (vgl. Dtn 14,28f; 26,12f: die Zehntabgabe sollte jedes dritte Jahr in den Wohnorten bleiben und dann nicht, wie sonst üblich, an das zentrale Heiligtum abgeführt werden). Nach außen herrschte jedoch die Abgrenzung und ein rituell begründeter Haß gegen alles vor, was nicht zu Israel gehörte.

Die Absonderungsideologie wurde im Exil (587–539 v. Chr.) sowie auch in nachexilischer Zeit gedanklich weiter ausgesponnen und konsequent gegen alle gekehrt, die nicht zur reinen Kultgemeinde gehörten. In ihr wurzelte die gedanklich vollzogene Ausrottung der Kanaanäer, in ihr ist z. B. ein Psalm 137 zu Hause, der im babylonischen Exil komponiert wurde (vgl. V. 1: »An den Wassern zu Babel saßen wir und weinten...«) und Rache fordert: »(8) Tochter Babel, du Verwüsterin, wohl dem, der dir vergilt, was du uns angetan hast! (9) Wohl dem, der deine jungen Kinder nimmt und sie am Felsen zerschmettert!«

Ein neuerer Kommentator, Hans-Joachim Kraus, sieht in V. 9 nur einen »Hinweis auf die Grausamkeit der antiken Kriegshandlungen überhaupt... Die Bitte um Rache ist eine Bitte, die an die Geschichtsmächtigkeit Jahwes appelliert... Mitten im geschichtlichen Leben steht es zur Entscheidung, ob Jahwe – Gott ist oder ob die Großmächte triumphieren« (Kraus 1966: 907f). Diese Auslegung ist ein Beispiel dafür, wie unbequeme Texte historisch und theologisch neutralisiert werden. Origineller, aber ebensowenig haltbar ist dann schon die Exegese des Kirchenvaters Augustin. Er schreibt: »Welche sind die Kinder Babylons? Die wachsenden schlechten Begierden. Denn sie kämpfen mit der alten Begierde. Denn wenn die üble Begierde entsteht, bevor noch die üble Gewohnheit Macht gewinnt gegen dich, wenn die Begierde noch klein ist, soll sie keinesfalls die Kraft der schlechten Gewohnheit annehmen; wenn sie noch klein ist, dann zerschmettere die Begierde. Aber du fürchtest, daß sie zerschmettert nicht stirbt? Zerschmettere sie am Felsen! Der Fels aber war Christus« (CCL 40, 1978, 31–37). Damit bezieht Augustin die Kinder Babylons allegorisch auf die wachsenden schlechten Begierden, die am allegorisch zu verstehenden Felsen Christus zu zerschmettern seien, und liefert so ein weiteres kurioses Beispiel für den willkürlichen Umgang mit dem Alten Testament in der alten Kirche.

Utopien der Gewalt

Der Heilige Krieg, der in den meisten Fällen nur herbeigesehnt, aber nicht geführt wurde, und die Botschaft des Dtn sind geladen mit Gewalt, deren Träger im Namen Gottes ganze Völker gedanklich ausrotten wollten. Die genannten Phänomene sind nur die Schale um einen glühenden Kern herum. Sein Inhalt ist der Ausschließlichkeitsanspruch einer intoleranten Gottheit, genauer gesagt: des Bildes eines intoleranten Gottes, der Israel erwählt und sich mit diesem Volk auf Gedeih und Verderb verschworen hat.

Die damit verbundenen Visionen von Gewalt haben in den nachfolgenden Jahrhunderten der jüdischen Geschichte, aber auch bis in unsere Zeit hinein, verheerende Folgen gehabt.

Auf dieser Linie liegend, schildert und begründet das Buch Esra in nachexilischer Zeit die Auflösung der Mischehen (vgl. zu den Einzelheiten den m.R. verrufenen [s. dazu unten S. 74], aber historisch wertvollen Beitrag von Kittel 1943: bes. 34–36). Sie hat geschehen, weil die natürliche Verbindung mit heidnischen Geschlechtern Treuebruch gegenüber Jahwe (Esra 10,10) und damit Gefährdung der Heiligkeit des auserwählten Gottesvolkes darstellt.

Das Buch Esra führt peinlich genau auf, wer im einzelnen sich fremde Frauen genommen hat (Esra 10,18–43). V. 44a sagt zusammenfassend, daß alle vorher Genannten sich dieses Vergehens schuldig gemacht haben, und V. 44b berichtet in seiner ursprünglichen Fassung von der Entlassung der Ehefrauen und der gemeinsamen Kinder.

Der Text, der in den maßgeblichen Ausgaben der hebräischen Bibel steht, lautet demgegenüber wörtlich: »Und es gab unter ihnen Frauen, die Söhne (in die Welt) gesetzt hatten.« Da das ganze Kapitel jedoch darauf zusteuert, daß Frauen und Kinder verstoßen wurden (vgl. V. 3. 8. 19), ist die Annahme zwingend, daß der angeführte Text nicht ursprünglich ist. Dies erklärt sich wohl aus der Erfolglosigkeit des Vorgehens Esras. Spätere Abschreiber, die darum wußten, änderten den Text deswegen entsprechend. Wollten sie damit gleichzeitig ausdrücken, daß Söhne nicht verstoßen werden durften? So zeigt der Widerstand gegen Esra einen Lichtstrahl von Menschlichkeit, der sich gegen eine theologisch motivierte Entlassung von Frau und Kind durchsetzte. Doch der theologische Eiferer Esra hatte, wie das ganze Kap. 10 zeigt, ursprünglich Erfolg. Er setzte gewissermaßen den Heiligen Krieg in den Familien fort (vgl. bereits Dtn 23,3: »Es soll… kein Mischling in die Gemeinde Jahwes kommen; auch seine Nachkommenschaft bis ins zehnte Glied soll nicht in die Gemeinde Jahwes kommen«).

Angesichts der Härte der Mischehenregelung wird zuweilen unter Hinweis auf das Buch Ruth (die Ausländerin Ruth findet in Israel eine Heimat) und auf oftmalige Übertritte von Frauen zum Judentum vorgeschlagen, daß Esra »nur die Ehen geschieden haben will, wo kein Übertritt der Frau zum JHWH-Glauben erfolgte« (Stiegler 1994: 155). Doch hat diese harmonische Lösung keinerlei Anhalt am Text (vgl. noch Blenkinsopp 1988: 201f).

Die verhängnisvolle Fernwirkung der Utopien der Gewalt

Die verhängnisvollste Konsequenz der mit dem Heiligen Krieg verbundenen Gewaltutopien im Alten Testament ist die, daß diese sich in der christlichen Wirkungsgeschichte, angefangen von den Kreuzzügen bis zum Holocaust, gegen die Menschen wendeten, in deren Traditionen sie hervorgebracht wurden.

Die Ehegesetzgebung unter Esra/Nehemia wird wirkungsgeschichtlich zuweilen als Selbstmord von langer Hand betrachtet. Denn der Antisemitismus habe Wurzeln im Alten Testament selbst, nur unter umgekehrten Vorzeichen. Daran ist richtig, daß die diesbezüglichen Maßnahmen gegen heidnische Frauen (und Mischlingskinder) eine Analogie zu den Schritten aufweisen, die später gegen Juden eingeleitet wurden. So verbot die katholische Kirche auf der Synode von Elvira (300/313 n. Chr.) die Ehe (und den Geschlechtsverkehr) zwischen Christen und Juden. Diesem Beispiel folgten die Nationalsozialisten in den sog. »Nürnberger Gesetzen«, mit denen die Ehe und der außereheliche Geschlechtsverkehr »zwischen Juden und Staatsangehörigen deutschen oder artverwandten Blutes« untersagt wurde (»Gesetz zum Schutze des deutschen Blutes und der deutschen Ehre« vom 15. September 1935; §§ 1–2). So wandten die Nazis ähnliche Gedanken, wie sie Juden unter Esra/Nehemia entwickelt hatten, erweitert um die Rassenideologie, ruchlos gegen ihre jüdischen Mitbürger, steigerten sich in einen antisemitischen Mordwahn und richteten in diesem Jahrhundert ein grausiges Blutbad an.

Sie erhielten in ihrer Ehegesetzgebung sogar Unterstützung von einem bekannten deutschen Neutestamentler, Gerhard Kittel, der mit vollem Ernst schrieb: »(D)ie durch den Nationalsozialismus vollzogene radikale Ausmerzung des Konnubiums (= Eheschließung; G. L.) zwischen Juden und Nichtjuden (sc. ist) nicht, wie fast die ganze außerdeutsche Welt behauptet, eine unerhörte Grausamkeit gegen die Juden…, sondern in Wirklichkeit der heilsame Zwang für das Assimilationsjudentum, zu seinen eigenen Grundlagen und deren Gesetzen zurückzukehren« (Kittel 1943: 59). Dabei hatte Kittel in seinem Beitrag kenntnisreich gezeigt, daß die Gesetzgebung unter Esra/Nehemia keinesfalls die *Grundlage* des Judentums war, sondern daß »Assimilation« zwischen Israel und den es umgebenden Völkern von den ältesten Schichten des Alten Testaments an auf der Tagesordnung stand und sich auch in der Zeit nach Esra/Nehemia fortsetzte.

Kapitel 3
Antijudaismus im Neuen Testament

A. *Überblick über die Geschichte des frühen Christentums und die Abfassungsverhältnisse der Schriften des Neuen Testaments*

Einführung

Das Neue Testament besteht aus 27 Schriften, von denen nur sieben von einer durch Eigenzeugnisse bekannten Person (= Paulus) stammen. Im wahrsten Sinne namenlos sind die Vf. aller anderen Dokumente. Die Überschriften der vier Evangelien stammen erst aus dem 2. Jh., und die Absenderangaben aller Briefe, außer den echten paulinischen, sind entweder Falschzuschreibungen oder geben die Würdebezeichnung einer Person, deren Leben ansonsten im Dunkeln bleibt. So erscheint »der Alte« als Autor des Zweiten und Dritten Johannesbriefes (2/3 Joh) und kann nur durch gewagte Kombination mit einem anderen Alten der frühchristlichen Zeit (vgl. Lüdemann 1995: 176) oder dem Lieblingsjünger gleichgesetzt werden, der das ganze Johannesevangelium (JohEv) geschrieben haben soll (vgl. Joh 21,24).

Die sieben echten Schriften sind folgende Briefe des Apostels Paulus: der Römerbrief (Röm), der Erste und Zweite Korintherbrief (1/2 Kor), der Galaterbrief (Gal), der Philipperbrief (Phil), der Erste Thessalonicherbrief (1 Thess) und der Philemonbrief (Phlm); die sechs anderen Paulusbriefe, nämlich der Epheser-, der Kolosser-, der Erste und Zweite Timotheus-, der Titus- und der Zweite Thessalonicherbrief (Eph, Kol, 1/2 Tim, Tit, 2 Thess), bedienen sich des Namens Paulus als Absender, und der Hebräerbrief (Hebr) galt zur Zeit seiner Kanonisierung als paulinisch, weil sein Schluß an Paulusbriefe erinnerte (vgl. Lüdemann 1995: 198–212).

Hinsichtlich der vier Evangelien bestehen folgende Abfassungsverhältnisse. Das älteste, das Markusevangelium (MkEv), wurde um

70 verfaßt und sowohl von Matthäus (Mt) als auch von Lukas (Lk) unabhängig voneinander benutzt. Daneben schrieben Mt und Lk eine verlorengegangene Sammlung von Jesusworten (= Q) aus, von der das Ende 1945 wiederentdeckte Thomasevangelium ein Ableger ist. Aber auch die Verwendung des MkEv durch Johannes (Joh) scheint wahrscheinlich, wenn auch nicht ebenso sicher. Die drei ersten heißen die synoptischen Evangelien (Synopse = Zusammenschau); durch die Untersuchung, wie Mt und/oder Lk einen Mk-Text übernommen und bearbeitet haben (= synoptischer Vergleich), läßt sich mit großer Sicherheit erschließen, wie die Benutzer des Mk den ihnen vorliegenden Text verstanden wissen wollten. Dieser methodische Schritt des Textvergleichs wird im folgenden Kapitel für die Ermittlung der Aussageabsicht wichtig sein.

Eine Art Geschichte des frühen Christentums bietet Lk in der Apostelgeschichte (Apg). Er schreibt sie recht schematisch ausgehend von Jerusalem (Kap. 1–5) als Geschichte der Mission des Paulus (Kap. 16–28), wobei sich in ihrer Mitte (Kap. 15) wie auf einer Drehscheibe der Übergang von der Jerusalemer Gemeinde zu der paulinischen Mission unter den Heiden vollzieht. Zuvor werden die Bindeglieder zwischen der Jerusalemer Gemeinde und der paulinischen Mission, die sogenannten Hellenisten, eingeführt (Kap. 6–12). Und Kap. 13–14 schildern als Problemstellung eine Modellreise des Hellenisten Barnabas mit dem zukünftigen Helden Paulus.

Die Apg enthält eine Fülle von Einzelmaterial, das einer genauen zeitlichen Einordnung bedarf, und zwar auf der Grundlage des zuvor aus den Paulusbriefen rekonstruierten chronologischen Gerüsts (vgl. Lüdemann 1987). Über das Entstehen vieler Missionsgemeinden, wie Alexandrien, Rom oder Edessa, sagt die Apg nichts. Weiter erfahren wir nichts über den Abfassungsort der Evangelien, obgleich Lk, wie Lk 1,1ff zeigt, vielleicht darüber informiert gewesen ist.

Chronologisch gesehen, entstand die erste Gemeinde in Jerusalem, kurz danach in rascher Folge in Damaskus, Galiläa, an den Küstenstädten des Mittelmeeres sowie im syrischen Antiochien – jeweils mit Wurzeln in Jerusalem. Die Mission Griechenlands war das Werk des Paulus, die Gründung der Gemeinde von Ephesus geht vielleicht auf Apollos zurück, wobei Ephesus nach 70 von Anhängern des Presbyters Johannes eingenommen und Heimat des johanneischen Kreises wurde. In Rom zog das Christentum über die Handelswege wohl schon Ende der dreißiger Jahre ein. Mt gehört höchstwahrscheinlich nach Antiochien, Mk evtl. nach Rom, Lk vielleicht in die Ägäis.

Der Versuch des Paulus, Heiden- und Judenchristen zusammenzubinden, erwies sich spätestens nach dem Verlust Jerusalems als Hauptstadt der Judenchristenheit als unmöglich. Mk ist Heidenchrist bzw. setzt eine heidenchristliche Gemeinde voraus. Desgleichen bewegen sich Lk, Mt und Joh, seien sie nun Judenchristen oder nicht, in hohem Tempo von der judenchristlichen Grundlage weg. So kann man die Entwicklungslinie des frühen Christentums derart beschreiben, daß die frühe Verkündigung und Praxis, die auf Einbringung der Heiden drängte, mitbedingt durch das politische Ereignis der Zerstörung Jerusalems, eine reine Heidenkirche zur Konsequenz hatte; dadurch wurden die Judenchristen an den Rand gedrängt und ein halbes Jahrhundert später von der Großkirche als Ketzer betrachtet.

Chronologisches Gerüst

B. Antijudaismus im Neuen Testament
– eine Geste der Barmherzigkeit?

Was heißt Antijudaismus konkret?

Ich beginne mit einem Zitat aus dem 4. Jh., in dem praktisch alle antijüdischen Aussagen des Neuen Testaments gipfeln. In ihm ist – so scheint es jedenfalls – die Saat aufgegangen, die die neutestamentlichen Autoren gelegt haben. Der christliche Historiker Euseb schreibt im Jahre 312 n. Chr. folgendes über die ungläubigen Juden:

»Als nun nach der Himmelfahrt unseres Erlösers (Apg 1,9) die Juden zu dem Verbrechen an dem Erlöser (sc. als Schuldige an seinem Tode: 1 Thess 2,15; Mk 15,6–15) auch noch die höchst zahlreichen Vergehen an seinen Aposteln begangen hatten, als zunächst Stephanus von ihnen gesteinigt (Apg 7,58f), sodann nach ihm Jakobus, der Sohn des Zebedäus und Bruder des Johannes, enthauptet (Apg 12,2f) und schließlich Jakobus, welcher nach der Himmelfahrt unseres Erlösers zuerst den bischöflichen Stuhl in Jerusalem erhalten hatte, auf die angegebene Weise beseitigt worden war, als die übrigen Apostel nach unzähligen Todesgefahren, die man ihnen bereitet hatte, das Judenland verlassen hatten und mit der Kraft Christi, der zu ihnen gesagt hatte: ›Gehet hin und lehret alle Völker in meinem Namen!‹ (Mt 28,19), zur Predigt des Evangeliums zu allen Völkern hinausgezogen waren, (3) als endlich die Kirchengemeinde in Jerusalem in einer Offenbarung, die ihren Führern geworden war, die Weissagung erhalten hatte, noch vor dem Krieg die Stadt zu verlassen und sich in einer Stadt Peräas, namens Pella, niederzulassen, und als sodann die Christgläubigen von Jerusalem weggezogen waren, und weil damit gleichsam die heiligen Männer die königliche Hauptstadt der Juden und ganz Judäa völlig geräumt hatten, da brach zuletzt das Strafgericht Gottes über die Juden wegen der vielen Freveltaten, die sie an Christus und seinen Aposteln begangen hatten, herein und vertilgte gänzlich dieses Geschlecht der Gottlosen aus der Menschengeschichte« (Kirchengeschichte III 5,2f).

Bringt man den Bericht Eusebs auf den Punkt, so lautet seine »Botschaft«: Die ungläubigen Juden sind wegen der Verbrechen gegen Jesus und die ersten Jünger zu Recht bestraft und ausgetilgt worden.

Kann man die neutestamentlichen Autoren für solche rüden Verdammungsurteile verantwortlich machen? Ist dieser Antijudaismus, der als religiös motivierte Ablehnung der Juden verstanden sei, identisch mit den entsprechenden Aussagen im Neuen Testament? Immerhin ist ja die verschiedene historische Situation zu berücksichtigen. So befanden sich die neutestamentlichen Autoren zweifellos in einer größeren inneren und äußeren Nähe zu den nicht christusgläubigen Juden, die sicherlich in der Überzahl waren, und sprachen möglicherweise antijudaistische Sätze in polemischer Abwehr, mit dem Rücken an der Wand. Und angesichts der Tatsache, daß viele von ihnen selbst Juden waren – sollte man da nicht besser von innerjüdischer Polemik statt von Antijudaismus sprechen? Dann aber wäre die allgemeingültige Stellungnahme Eusebs unbedingt zu unterscheiden von den situationsbedingten Bemerkungen der Verfasser einzelner Schriften des Neuen Testaments.

Allerdings verändern verschiedene Begriffe keineswegs den Inhalt bestimmter Aussagen im Neuen Testament. Aus diesem Grunde muß man sich davor hüten, durch einen etwaigen Hinweis auf die andersartige Situation und die verschiedene Zeit den aggressivantijüdischen Inhalt mancher neutestamentlicher Passage abzumildern bzw. wegzuerklären. Und schließlich sollte der Versuch unterbleiben, durch hochgestelzte theologische Bemerkungen den Antijudaismus christlicher Herkunft förmlich zu beseitigen. Dies geschieht dort, wo zwischen zahllosen Formen von Antijudaismus unterschieden wird und der Leser dann gar nicht mehr erfährt bzw. weiß, ob es im frühen Christentum eine religiös motivierte Ablehnung der Juden historisch überhaupt gegeben hat (dies als Eindruck der Lektüre von Klein 1982, der Antijudaismus als Sehschaden, als Sachschaden und Sprachschaden einstuft, aber damit faktisch von der eigentlichen Sache ablenkt).

Genug der allgemeinen Vorüberlegungen. Das oben angeführte Zitat aus dem 4. Jh. hat gezeigt, worin konkret Antijudaismus bestehen kann, und es wird im folgenden zu prüfen sein, inwiefern der Antijudaismus neutestamentlicher Autoren dem Antijudaismus Eusebs entspricht. Im Falle einer auch nur annähernd positiven Antwort stellt sich dann unverzüglich die Frage: »Wie kann man sich zum Neuen Testament als Glaubensurkunde, als Wort Gottes bekennen, wenn in ihm sich ein durch Feindschaft verzerrtes und zur Feindschaft führendes Bild der Juden findet, deren Volk Jesus selbst angehört?« (Stöhr 1967: 8).

Ich gehe im folgenden die Schriften des Neuen Testaments in ihrer mutmaßlichen chronologischen Reihenfolge durch.

Erster Thessalonicherbrief

Der älteste erhaltene Brief des Paulus aus dem Jahre 41 oder 50 n. Chr. enthält eine sehr scharfe Polemik gegen die Juden (vgl. dazu neben den einschlägigen Kommentaren und den bei Lüdemann 1995: 270 Anm. 339 genannten Arbeiten noch Broer 1983: 59–91; Stegemann 1990: 54–64). Es heißt in 1 Thess 2,14–16:

»(14) Denn, liebe Brüder, ihr seid Nachahmer der Gemeinden Gottes in Judäa geworden, die in Christus Jesus sind; denn ihr habt dasselbe erlitten von euren Landsleuten, was jene von den Juden erlitten haben. (15) Die haben den Herrn Jesus getötet (a) und die Propheten (b) und haben uns verfolgt und gefallen Gott nicht und sind allen Menschen feind (c). (16) Und um das Maß ihrer Sünden ganz voll zu machen, wehren sie uns, den Heiden zu ihrem Heil zu predigen. Aber der Zorn Gottes ist schon in vollem Maß über sie gekommen.«

In der Forschung ist seit langem bekannt, daß Paulus an dieser Stelle in Anlehnung an ältere Vorbilder formuliert.

a) Zur Aussage, daß die Juden Jesus getötet haben, sei auf die Passionsgeschichten der Evangelien verwiesen, denen zufolge die jüdischen Oberen eine Verhandlung gegen Jesus führen, ihn zum Tode verurteilen und ihn den Römern überstellen (s. dazu weiter unten S. 87–96), sowie auf die Reden der Apg, in denen die Juden als Mörder Jesu bezeichnet werden (Apg 3,15; 4,10; 7,52).

b) Die Anklage, daß die Juden die Propheten getötet haben, entspricht der alttestamentlich-jüdischen Vorstellung vom gewaltsamen Geschick der Propheten, die eine theologisch deutende (keine historische) Aussage ist. Die Juden hatten sie schon lange gegen sich selbst formuliert.

Neh 9,26; »Sie empörten sich gegen dich und kehrten deinem Gesetz den Rücken. Und sie brachten deine Propheten um, die als Zeugen gegen sie auftraten, um sie zu dir zurückzuführen; und sie verübten große Lästerungen.«

2 Chr 36,15–16: »(15) Und Jahwe, der Gott ihrer Väter, ließ immer wieder gegen sie reden durch seine Boten; denn er hatte Mitleid mit seinem Volk und seiner Wohnung. (16) Aber sie verspotteten die Boten Gottes und verachteten seine Worte und verhöhnten seine Propheten, bis der Grimm Jahwes über sein Volk wuchs und es kein Vergeben mehr gab.«

c) Die Anklage, daß die Juden Gott nicht gefallen und allen Menschen feind seien, findet sich auch in der Polemik heidnischer Autoren gegen die Juden. So schreibt z. B. der römische Historiker Tacitus am Ende des 1. Jh.s n. Chr., die Juden seiner Zeit seien immer mächtiger geworden und

»bestehen unter sich starr auf Treue und Glauben..., während sie gegen alle Nichtjuden eine gehässige und feindselige Haltung einnehmen... Die, welche zu ihrer Religion übertreten, beobachten dieselben Gebräuche, und das erste, was ihnen eingeschärft wird, ist die Vorschrift, die Götter zu verachten, ihr Vaterland zu verleugnen und ihre Eltern, Kinder und Geschwister als wertlose Dinge zu betrachten...« (Historien V 5).

Josephus schreibt etwa zur gleichen Zeit:

Apollonius Molon (ein berühmter Rhetor und Grammatiker des 2. / 1. Jh.s v. Chr.) bezeichnet die Juden »als Atheisten und Menschenhasser« (Gegen Apion II 148).

In der griechischen Übersetzung des alttestamentlichen Estherbuchs wird als Begründung des Befehls zur Ermordung aller Juden im persischen Reich gesagt:

»So sind wir zur Ansicht gelangt, daß dieses Volk als einziges sich gegen alle Menschen ohne Ausnahme feindselig verhält, nach absonderlichen und befremdlichen Gesetzen lebt und die schlimmsten Verbrechen begeht« (3,13 e).

Paulus formuliert in enger Anlehnung an die angeführten Überlieferungen, die auf ein bereits geformtes Traditionsstück zurückgehen mögen, und fügt die Bemerkung hinzu: »Sie wehren uns, den Heiden zu ihrem Heil zu predigen« (1 Thess 2,16). Diese These stützt sich auf die Beobachtung, daß der genannte Satzteil sprachlich paulinische Züge aufweist und daß sich ähnliche Kommentierungen von Traditionen auch sonst bei Paulus finden, ohne daß der Apostel das eigens anmerkt. Die *Zielrichtung* des Textes bei Paulus ist damit klar: Die ungläubigen Juden, die Paulus in der Predigt zu den Heiden hindern, sind dem Zorngericht Gottes endgültig verfallen.

Der Sinn des von Paulus geschriebenen Textes, der nicht etwa auf eine nachträgliche Hinzufügung von fremder Hand zurückgeht (vgl. Lüdemann 1983: 25–27), ändert freilich nichts daran, daß der

Apostel die grobe Judenpolemik, wenn auch durch Tradition vorgegeben, bewußt in seinen Brief aufgenommen hat. »Da Paulus Vorbehalte gegen diesen Text nicht zu erkennen gegeben hat, ist davon auszugehen, daß er ihn übernimmt, weil er dessen Intentionen teilt« (Broer 1991: 330). Diese Absicht ergibt sich aus der weiten Verbreitung des Vorbehaltes, die Juden seien allen Menschen feind. Den kannten viele Hörer und Leser seines Briefes und identifizierten ihn sogleich »als typisch heidnischen Vorwurf gegenüber den Juden« (Broer 1983: 81). Dann dürfte es sich bei der Übernahme gerade dieses Angriffs durch Paulus um bewußte Polemik handeln, die ein heidnisches Ressentiment gegenüber seinem eigenen Volk absichtlich zur Geltung brachte.

Dem negativen Urteil über das ungläubige Judentum entspricht positiv Paulus' Auffassung der Kirche aus Juden und Heiden. Die Heidenchristen aus Thessalonich sind nämlich Nachahmer der judenchristlichen Gemeinde Judäas geworden. Ihre Gemeinschaft ist eine im Leiden und in Christus. Zu Beginn des 1 Thess erinnert Paulus seine heidnische Gemeinde an ihre Erwählung (1 Thess 1,4), doch gilt diese ebenso den judenchristlichen Kirchen in Judäa.

Man kann daher sagen: Mit der Berufung der Heiden, deren Apostel Paulus ist, ist die Erwählung auf die Kirche aus Heiden und Juden übergegangen. Für die die Heidenmission behindernden ungläubigen Juden bleibt nur das Gericht übrig.

Konnte Paulus bei diesem klaren Urteil bleiben? Denkt er bei dieser Verwerfungsaussage nur an diejenigen Juden, die ihn an der Heidenpredigt hindern, und läßt er etwa einen Raum für das Heil des restlichen zwar ungläubigen, aber seine Predigt doch nicht hindernden Israel übrig? Erklärt sich etwa die harte Aussage in 1 Thess 2 aus dem überschwenglichen, feuerbriefartigen Charakter des 1 Thess, in dem die Wiederkunft Jesu vom Himmel wie in einem Fiebertraum in nächster Zukunft herbeigesehnt wird? Was würde Paulus sagen, wenn die Geschichte weiterging und die Juden sich nicht nur vereinzelt, sondern in der Mehrzahl dem Evangelium verweigerten? Man bedenke, daß der 1 Thess der früheste Brief des Paulus ist, bei dem eine solche Entwicklung noch nicht absehbar war.

An anderer Stelle (Lüdemann 1995: 102–110) habe ich diese Frage ausführlich behandelt und darauf hingewiesen, daß Paulus gegen Ende seines Lebens eine Aussage über Israel (= die Juden) gewinnt, die zu der harten Polemik in 1 Thess in Widerspruch steht. Er schreibt nämlich in Röm 11,26, daß am Ende der Zeiten ganz Israel gerettet werden wird. Der Grund dafür ist ein erneutes Nachdenken über das Heilshandeln Gottes an Israel angesichts der Erfahrung des faktischen Scheiterns der Judenmission. Dabei mögen die vom Wortlaut her so widersprüchlichen Aussagen von 1 Thess 2,14ff und Röm 11,25f trotzdem einem relativ einheitlichen Ausgangspunkt entspringen, wenn nämlich ihre Situationsbedingtheit berücksichtigt wird: In 1 Thess 2,14ff ist die Heidenmission gefährdet, Röm 11,25f reflektiert den möglichen Verlust der Judenchristenheit. *Beiden* Briefen liegt die unaufgebbare Voraussetzung zugrunde, daß die Kirche aus beiden, Juden *und* Heiden zugleich, bestehen muß.

Doch die frühchristliche Wirklichkeit war nicht so beschaffen, daß sich die Vision einer Kirche aus Juden und Heiden durchsetzen ließ. Sie entsprang reinem Wunschdenken. Die diesem nüchternen Urteil zugrunde liegende historische Realität war ebenso schockierend wie das faktische Ausbleiben der Wiederkunft Jesu. Aber trotzdem schien Paulus auch hier mit seinem Latein nicht am Ende zu sein. Offenbar ahnte er, daß schon bald der judenchristliche Teil der Kirche verlorengehen werde, und warnte deswegen die Heidenchristen in Rom, sich nicht über die Judenchristen zu erheben. Ja, es sieht geradezu so aus, daß Paulus mit seiner Voraussage der Rettung von ganz Israel in Röm 11 seine antijüdische Entgleisung von 1 Thess 2 aufheben will, damit sich nicht später Heidenchristen in ihrem Kampf gegen die (ungläubigen) Juden auf ihn stützen können. So hinterläßt Paulus quasi als Vermächtnis einen bleibenden Hinweis auf die Verwurzelung der Kirche, sei sie nun ganz heidenchristlich oder nicht, in Israel.

Dieses Vermächtnis des Paulus ist in der nachfolgenden Kirchengeschichte *nicht* aufgenommen worden. Vielmehr gebrauchte man 1 Thess 2,16 als Kurzformel für das endgültige Gericht an Israel durch die Zerstörung Jerusalems im Jahre 70 n. Chr. (vgl. Kampling 1993) und deutete Röm 11 als Bekehrung durch Judenmission. An anderen neutestamentlichen Stellen wie z. B. Mt 27,25 (s. unten S. 89 f) entzündete sich eine bedeutend schärfere Judenpolemik als an 1 Thess 2,14–16. Alle altchristlichen Ausleger von 1 Thess verstanden die angebliche jüdische Menschenfeindschaft als Hinderung der Mission. Aber keiner brachte den an antiken Antisemitismus erinnernden Vorwurf des 1 Thess in die Nähe der Aussagen des Tacitus (s. oben S. 81; vgl. Kampling 1993).

Markusevangelium

Die Allegorie von den bösen Weingärtnern (Mk 12,1–12)

»(1) Und er fing an, zu ihnen in Gleichnissen zu reden: Ein Mensch pflanzte einen Weinberg und zog einen Zaun darum und grub eine Kelter und baute einen Turm und verpachtete ihn an Weingärtner und ging außer Landes.

(2) Und er sandte, als die Zeit kam, einen Knecht zu den Weingärtnern, damit er von den Weingärtnern seinen Anteil an den Früchten des Weinbergs hole.

(3) Sie nahmen ihn aber, schlugen ihn und schickten ihn mit leeren Händen fort.

(4) Abermals sandte er zu ihnen einen anderen Knecht; dem schlugen sie auf den Kopf und schmähten ihn.

(5) Und er sandte noch einen anderen, den töteten sie; und viele andere: die einen schlugen sie, die anderen töteten sie.

(6) Da hatte er noch einen, seinen geliebten Sohn; den sandte er als letzten auch zu ihnen und sagte sich: Sie werden sich vor meinem Sohn scheuen.

(7) Sie aber, die Weingärtner, sprachen untereinander: Dies ist der Erbe; kommt, laßt uns ihn töten, so wird das Erbe unser sein!

(8) Und sie nahmen ihn und töteten ihn und warfen ihn hinaus aus dem Weinberg.

(9) Was wird nun der Herr des Weinbergs tun? Er wird kommen und die Weingärtner umbringen und den Weinberg anderen geben.

(10) Habt ihr denn nicht dieses Schriftwort gelesen: ›Der Stein, den die Bauleute verworfen haben, der ist zum Eckstein geworden.

(11) Vom Herrn ist das geschehen und ist ein Wunder vor unseren Augen‹?

(12) Und sie trachteten danach, ihn zu ergreifen, und fürchteten sich doch vor dem Volk; denn sie verstanden, daß er auf sie hin dieses Gleichnis gesagt hatte. Und sie ließen ihn und gingen davon.«

Der Text ist eine Allegorie, die an das Lied vom Weinberg in Jes 5,1–7 anknüpft. Hier heißt es:

»(1) Wohlan, ich will meinem lieben Freunde singen, ein Lied von meinen Freund und seinem Weinberg. Mein Freund hatte einen Weinberg auf einer fetten Höhe. (2) Und er grub ihn und entsteinte ihn und pflanzte darin edle Reben. Er baute auch einen Turm darin und grub eine Kelter und wartete darauf, daß er gute Trauben brächte; aber er brachte schlechte. (3) Nun richtet, ihr Bürger zu Jerusalem und ihr Männer Judas, zwischen mir und meinem Weinberg! (4) Was sollte man noch mehr tun an meinem Weinberg, das ich nicht getan habe an ihm? Warum hat er denn schlechte Trauben gebracht, während ich darauf wartete, daß er gute brächte? (5) Wohlan, ich will euch zeigen, was ich mit meinem Weinberg tun will! Sein Zaun soll

weggenommen werden, daß er verwüstet werde, und seine Mauer soll eingerissen werden, daß er zertreten werde. (6) Ich will ihn wüst liegenlassen, daß er
nicht beschnitten noch gehackt werde, sondern Diesteln und Dornen darauf
wachsen, und will den Wolken gebieten, daß sie nicht darauf regnen. (7)
Jahwe Zebaoths Weinberg aber ist das Haus Israel und die Männer Judas seine
Pflanzung, an der sein Herz hing. Er wartete auf Rechtsspruch, siehe, da war
Rechtsbruch, auf Gerechtigkeit, siehe, da war Geschrei über Schlechtigkeit.«

Eine Allegorie liegt dort vor, »wo ein Redeganzes erst durch Ueber-
tragung aller seiner Hauptbegriffe (die Bindewörter können natürlich nicht mitzählen) auf ein andres Gebiet zum wahren Verständnis
gelangt« (Jülicher 1963: 59). Sie ist vollständig in dem sicherlich
nicht auf Jesus zurückgehenden Text Mk 12,1–12 zu verifizieren,
wo Punkt für Punkt jeder der Hauptbegriffe für etwas anderes
steht:
Der Weinberg versinnbildlicht Israel, die Weingärtner sind seine
Führer, der Grundbesitzer ist Gott, die Knechte sind die Propheten,
der Sohn ist Christus, die Bestrafung der Weingärtner steht für die
Verwerfung Israels, »die anderen« zielt auf die Heidenkirche.
Das Fazit der Allegorie lautet: *Weil die jüdischen Oberen Jesus
ermordet haben, werden sie selbst getötet, und Israel wird den Heiden gegeben.* Um das per Schriftbeweis zu bekräftigen, ist in V.
10–11 noch ein Zitat (= Ps 118,22f) angefügt worden. Das Bildwort
vom *verworfenen* Stein, den Gott zum Schlußstein gemacht hat, ist
ein in der frühen Kirche beliebter Beweistext für die Auferweckung
des von den Juden *verworfenen* Christus.
V. 12 stellt nachdrücklich heraus, wer die in V. 1–11 Angesprochenen sind: die Hohenpriester, Schriftgelehrten und Ältesten aus
Mk 11,27f, auf die hin Jesus diese Geschichte erzählt hatte. Diese
Dreiergruppe und nicht das positiv gezeichnete (jüdische) Volk,
welches das sofortige Einschreiten gegen Jesus verhindert, repräsen-
tiert die nicht christusgläubigen Juden in der Gegenwart des Mk. Als
weitere Begründung dafür sei auf die entsprechende Anklage in
1 Thess 2,15 verwiesen, wo ebenfalls von der Tötung der Propheten
und der Tötung Jesu durch die Juden die Rede ist (s. oben S. 80), und
vor allem auf den Passionsbericht im MkEv, in dem die jüdischen
Oberen das Volk verführen, den Tod Jesu zu fordern (zu Mk
15,11–14 vgl. unten S. 88).
Wie faßten die beiden anderen Evangelisten die Geschichte von
den bösen Winzern auf, die sie unabhängig voneinander im MkEv
gelesen haben?

Die Allegorie von den bösen Weingärtnern
im Matthäusevangelium

Mt 21,33–46 formt den Mk-Text geradewegs zu einem Abriß der Heilsgeschichte vom Bundesschluß am Sinai über die Zerstörung Jerusalems (21,41; vgl. 22,7) und die Gründung der Heidenkirche (21,43) bis zum Endgericht (21,44). Ein besonderer Akzent der Interpretation des Mt wird an zwei Hinzufügungen zum Mk-Text deutlich:

a) Mk 12,9: »Der Herr des Weinbergs… wird den Weinberg anderen geben« lautet in der Fassung des Mt: »Der Herr des Weinbergs… wird den Weinberg anderen Weingärtnern geben, die ihm die Früchte zur rechten Zeit geben« (Mt 21,41).

b) Den Satz: »Deswegen sage ich euch: Weggenommen werden wird von euch das Reich Gottes und gegeben werden einem Volke, das seine Früchte bringt« (Mt 21,43) fügt Mt dem Mk-Text hinzu. Das bedeutet: Gottes Reich wird Israel weggenommen und einem Volk gegeben, das »Früchte des Gottesreiches« hervorbringt. Das Wort »Volk« (griechisch: *ethnos*) weist auf Heiden und wird auch an anderen Stellen des MtEv gebraucht, wo sicherlich diese gemeint sind (vgl. Mt 10,5: »Weg der Heiden«; 28,19: »Macht zu Jüngern alle Heiden!«). Mit anderen Worten, Mt übernimmt alle antijüdischen Aussagen des Mk; er spitzt sie aber noch zu, indem er die explizite Übergabe des Weinbergs an die Heiden hervorhebt und Israel jegliche Verheißung abspricht. »Die Kirche tritt sein Erbe als auserwähltes Volk an, sofern sie Jesu Gebote hält« (Luz 1993: 316).

Die Allegorie von den bösen Weingärtnern im Lukasevangelium

Auch *Lk 20,9–19* intensiviert die antijüdische Auslegung und verdeutlicht sie christologisch. So wird der Sohn (ebenso wie bereits bei Mt) in Entsprechung zur Passionsgeschichte erst aus dem Weinberg hinausgestoßen und dann außerhalb desselben umgebracht (Lk 20,15; vgl. Mt 21,39). Eine christologische Präzisierung liegt weiter darin vor, daß im Unterschied zu Mk 12,4f nicht schon die Knechte, sondern erst der Sohn getötet wird (Lk 20,15). Und der Schriftbeweis Mk 12,10f wird um seinen zweiten Teil (Mk 12,11) gekürzt, aber um folgenden Text ergänzt: »Jeder, der auf diesen Stein fällt, wird zerschellen; auf wen der Stein aber fällt, den wird er zermalmen« (Lk 20,18). Diese Drohung zielt unzweideutig auf die Juden. Vgl. Apg 4,10f (Petrus anläßlich einer Krankenheilung an die Adresse der Oberen, Ältesten und Schriftgelehrten in Jerusalem): »(10) So sei euch und dem ganzen Volk Israel kundgetan: Im Namen

Jesu Christi von Nazareth, den ihr gekreuzigt habt, den Gott von den Toten auferweckt hat; durch ihn steht dieser hier gesund vor euch. (11) Das ist der Stein, von euch Bauleuten verworfen, der zum Eckstein geworden ist.«

Als *Fazit* der Auslegung der Geschichte von den bösen Weingärtnern durch die Synoptiker ist zu formulieren: Sie bemühen sich in zunehmender Weise darum, den Tod Jesu antijüdisch zu interpretieren. Um das wirkungsvoll zu gestalten, legte man Jesus selbst eine judenfeindliche Auslegung in den Mund. Wenn der Gottessohn über sein eigenes Geschick gesprochen, den (ungläubigen) Juden alle Schuld an seinem Tod in die Schuhe geschoben und natürlich ihre Strafe vorausgesagt hatte, dann war ein Verdammungsurteil ausgesprochen, wie es effektiver nicht hätte gefällt werden können. Wie kann angesichts dieses eindeutigen Sachverhalts noch davon die Rede sein, daß die Bibel und speziell die ersten drei neutestamentlichen Evangelien allen Menschen die gute Nachricht von Gottes Barmherzigkeit ausrichten wollen? Zumindest die ungläubigen Juden waren (und sind) nach der Meinung des Mt, Lk und Mk von der Gnade Gottes ausgenommen.

Die Passionsgeschichte (Mk 14–15)

Der Antijudaimus des MkEv erhält eine Fortsetzung in der Passionsgeschichte. Diese kann nicht verstanden werden ohne vorherige Betrachtung der drei Weissagungen Jesu über sein Leiden (und seine Auferstehung), die das MkEv geradezu gliedern. Sie befinden sich in 8,31; 9,31 und 10,32–34, wobei der Vf. entweder die beiden letzten selbst formuliert und die erste als Überlieferung vorgefunden hat (vgl. Strecker 1979) oder alle drei selbständig formte (vgl. Reinbold 1994: 294 Anm. 17). Ihr Inhalt lautet: *Jesus zieht nach Jerusalem, um von den Oberen der Juden zu Tode gebracht zu werden.*

Die dreifach gemachte und Jesus selbst in den Mund geschobene Aussage findet eine Entsprechung in der vom zweiten Evangelisten formulierten Stelle Mk 3,6: (Nach einer Heilung am Sabbat) »gingen die Pharisäer hinaus und hielten alsbald Rat mit den Anhängern des Herodes, wie sie ihn umbringen könnten.« Dieser Plan zieht sich wie ein roter Faden durch das ganze Evangelium hindurch (vgl. Mk 12,12: [Die jüdischen Oberen] »suchten ihn festzunehmen…, denn sie merkten, daß er das Gleichnis gegen sie gesagt hatte«) und findet dann seine Erfüllung in der Passionsgeschichte.

Angesichts dessen ist es nicht mehr verwunderlich, daß im MkEv alle Hohenpriester, Ältesten und Schriftgelehrten Jesus zum Tode verurteilen (Mk 14,64) und ihn dem Pilatus ausliefern (Mk 15,1). Dieser will Jesus losgeben, weil er »erkannte, daß ihn die Hohenpriester aus Neid überstellt hatten« (Mk 15,10). Sein Ansinnen wird dann aber von den jüdischen Oberen verhindert. Als Pilatus Jesus freilassen will, wiegeln sie das jüdische Volk auf, damit es Jesu Kreuzigung fordere.

Mk 15,11–14: »(11) Aber die Hohenpriester reizten das Volk auf, daß er ihnen viel lieber den Barabbas losgebe. (12) Pilatus aber fing wiederum an und sprach zu ihnen: Was wollt ihr denn, daß ich tue mit dem, den ihr den König der Juden nennt? (13) Sie schrien abermals: Kreuzige ihn! (14) Pilatus aber sprach zu ihnen: Was hat er denn Böses getan? Aber sie schrien noch viel mehr: Kreuzige ihn!«

Könnte man angesichts der durchgängigen Differenzierung zwischen der jüdischen Elite und dem jüdischen Volk bei Mk daran denken, daß allein die Elite an Jesus schuldig geworden ist, so spricht der angeführte Text dagegen.

Fazit: Der Antijudaismus, wie er in der Auslegung des Winzergleichnisses durch Mk deutlich wird, hat sich in der Passionsgeschichte noch verstärkt: Die Juden, d.h. Hohepriester, Schriftgelehrte, Älteste, Pharisäer und das Volk, tragen die alleinige Verantwortung für Jesu Tod.

Diese Tendenz setzt sich dann in brutaler Weise in den Passionsgeschichten des MtEv, des LkEv und des JohEv fort.

Die Passionsgeschichte im Matthäusevangelium

Die Zielsetzung des Mt läßt sich durch einen Vergleich seiner Darstellung mit der des Mk ermitteln, die ihm als Vorlage gedient hat. Es liegen kaum Abweichungen, wohl aber Ergänzungen vor:

1) Judas, der Jesus für dreißig Silberlinge verraten hatte, bereute dies, brachte sie den Hohepriestern und Ältesten zurück »(4) und sprach: Ich habe Unrecht getan, daß ich unschuldiges Blut verraten habe. Sie aber sprachen: Was geht uns das an? Da sieh du zu! (5) Und er warf die dreißig Silberlinge in den Tempel, ging fort und erhängte sich« (Mt 27,4–5). Damit ist vorweg das Vorgehen gegen Jesus als verwerflich hingestellt und redaktionell ein vernichtendes Urteil über die Jesus gegenüber feindlich eingestellten Juden gesprochen. Wenn nämlich ein Jünger, der Jesus verraten hat, trotz Reue seine Tat nicht mehr gutmachen kann und deswegen sterben muß, ist das im Vergleich mit den Hohenpriestern und Ältesten, die ihr Vorgehen nicht einmal bereuen, noch gar nichts.

2) Bei Mt läßt die Frau des Pilatus ihrem Ehemann ausrichten: »Habe du nichts zu schaffen mit diesem Gerechten; denn ich habe heute viel erlitten im Traum um seinetwillen« (27,19). Eine römische Frau wird zur Unschuldszeugin, während das jüdische Volk, angestachelt von den Oberen, den Tod Jesu fordert. Die Szene ist reine Erfindung des Mt und wird deswegen für die Ermittlung seiner Aussageabsicht wichtig.

3) Als Pilatus erkennt, daß das jüdische Volk die Kreuzigung Jesu verlangt, nimmt er, so Mt, Wasser, wäscht sich vor dem Volk die Hände (vgl. Dtn 21,6; Ps 26,6) und sagt: »Ich bin unschuldig an diesem Blut; seht ihr zu!« (Mt 27,24). Pilatus bekräftigt demnach das Urteil seiner Frau: Jesus ist als Gerechter unschuldig. Damit wird die Schuld der Juden noch gesteigert. Die Geste, daß der heidnische Römer »einen jüdisch-biblischen Entsühnungsritus – das Händewaschen – vollzieht« (Luz 1993: 314), ist sehr auffällig und demonstriert die Absicht des Mt, dem jüdischen Volk die Schuld am Tod Jesu in die Schuhe zu schieben.

4) Diese Intention kommt vollends in der sich nur bei Mt findenden Selbstverfluchung des jüdischen Volkes im unmittelbaren Anschluß an das Händewaschen zum Ausdruck: »Und alles Volk (*laos*) antwortete und sprach: Sein Blut komme über uns und unsere Kinder« (Mt 27,25). Mit diesem Vers verweist Mt zurück auf 23,34–36:

»(34) Darum: siehe, ich sende zu euch Propheten und Weise und Schriftgelehrte; und von ihnen werdet ihr einige töten und kreuzigen, und einige werdet ihr geißeln in euren Synagogen und werdet sie verfolgen von einer Stadt zur anderen, (35) damit über euch komme all das gerechte Blut, das vergossen ist auf Erden, von dem Blut des gerechten Abel an bis auf das Blut des Secharja, des Sohnes Berechjas, den ihr getötet habt zwischen Tempel und Altar. (36) Wahrlich, ich sage euch: das alles wird über dieses Geschlecht kommen.«

In V. 25 verwendet Mt anders als in V. 24, wo das griechische Wort *ochlos* benutzt wird, einen Ausdruck für »das Volk« (*laos*), der in der griechischen Bibel im allgemeinen die religiöse Sonderstellung Israels bezeichnet. »Ganz Israel als von Jahwe auserwähltes Volk nimmt die Schuld am Tode für sich und alle Generationen auf seine Schultern... Nur deswegen, weil die Schuld Jesu für sie überhaupt keine Frage darstellte, konnten die Juden so handeln« (Broer 1989: 109). Zwar hat Pilatus den Befehl zur Kreuzigung gegeben, doch trifft Mt zufolge Israel die Schuld an Jesu Tod, womit es seine besondere Erwählung endgültig eingebüßt hat. Dem müssen selbst die Juden zustimmen, weil sie, von der Schuld Jesu überzeugt, eine bedingte Selbstverfluchung ausgestoßen haben. Da Jesu Unschuld aber feststeht, werden sie für die Folgen haften, so daß Jesu Blut über sie und ihre Kinder kommt. Keiner der antijudaistischen Sätze des Neuen Testaments hat in der folgenden Kirchengeschichte so viel Mord, Elend und Verzweiflung unter Juden eingefordert wie dieser (zur Auslegungsgeschichte von Mt 27,25 vgl. Kampling 1984).

Die Passionsgeschichte im Lukasevangelium

Im Bericht von der Verhandlung vor Pilatus (Lk 23,2–5) folgt Lk der Mk-Vorlage, aber mit bezeichnenden Veränderungen: V. 2 (». . . und sie fingen an, ihn zu verklagen, und sprachen: Wir haben gefunden, daß dieser unser Volk aufhetzt und verbietet, dem Kaiser Steuern zu geben, und spricht, er sei Christus, ein König«) ist dem Mk-Text hinzugefügt und greift auf Lk 20,20–26 zurück (»Die Frage nach der kaiserlichen Steuer«):

»(20) Und sie (= die Schriftgelehrten und Hohenpriester) belauerten ihn und sandten Leute aus, die sich stellen sollten, als wären sie fromm; die sollten ihn fangen in seinen Worten, damit man ihn überantworten könnte der Obrigkeit und Gewalt des Statthalters. (21) Und sie fragten ihn und sprachen: Meister, wir wissen, daß du aufrichtig redest und lehrst und achtest nicht das Ansehen der Menschen, sondern du lehrst den Weg Gottes recht. (22) Ist es recht, daß wir dem Kaiser Steuern zahlen oder nicht? (23) Er aber merkte ihre List und sprach zu ihnen: (24) Zeigt mir einen Silbergroschen! Wessen Bild und Aufschrift hat er? Sie sprachen: Des Kaisers. (25) Er aber sprach zu ihnen: So gebt dem Kaiser, was des Kaisers ist, und Gott, was Gottes ist! (26) Und sie konnten ihn in seinen Worten nicht fangen vor dem Volk und wunderten sich über seine Antwort und schwiegen still.«

Indem Lk die Verbindung zwischen Lk 23,2 und 20,20–26 herstellt, macht er deutlich, daß die Anklage der jüdischen Oberen auf einer *Lüge* beruht. Denn Jesus hatte ja ausdrücklich die Zahlung von Steuern bejaht. Das einstige jüdische Vorgehen gegen Jesus ist daher in einer üblen Verleumdung begründet, auf die Pilatus aber nicht hereingefallen ist. Dies geht aus seinen beiden Stellungnahmen hervor, die Lk der Mk-Vorlage ebenfalls hinzugefügt hat:

Lk 23,4: »Pilatus sprach zu den Hohenpriestern und zum Volk: Ich finde keine Schuld an diesem Menschen.«

Lk 23,13–16: »(13) Pilatus aber rief die Hohenpriester und die Oberen und das Volk zusammen (14) und sprach zu ihnen: Ihr habt diesen Menschen zu mir gebracht als einen, der das Volk aufwiegelt; und siehe, ich habe ihn vor euch verhört und habe an diesem Menschen keine Schuld gefunden, deretwegen ihr ihn anklagt; (15) Herodes auch nicht, denn er hat ihn zu uns zurückgesandt. Und siehe, er hat nichts getan, was den Tod verdient. (16) Darum will ich ihn schlagen lassen und losgeben.«

Gleichzeitig wird an diesen beiden der Mk-Vorlage zugefügten Texten klar, daß Lk ebenso wie sein Vorgänger die jüdische Elite *und* das Volk als Einheit sieht. Daher ist die Bezeichnung »die Juden« auch in seinem Sinne, wenn es um die Zuweisung von Schuld geht.

Sie erreicht darin einen Höhepunkt, daß Lk zufolge Juden Jesus hingerichtet haben – nicht Römer. Lk läßt die Geißelungsszene (Mk 15,16–20) aus, so daß sich an die Übergabe Jesu unmittelbar seine Abführung anschließt. Der Text ist demnach wie folgt zu lesen: Pilatus übergab Jesus dem Willen der Juden (23,25). Sie führten ihn ab (26) ... Sie kreuzigten ihn (33). Daraus ergibt sich: Diejenigen, die Jesu Tod fordern, richten ihn auch hin. Daß der dritte Evangelist wirklich dieser Meinung war, folgt auch aus Lk 24,20: Hier erläutern die Emmausjünger dem auferstandenen Jesus, der ihnen unerkannt in Gestalt eines Wanderers begegnet, daß die Hohenpriester und Oberen Jesus zur Todesstrafe überantwortet und gekreuzigt hätten (zum redaktionellen Charakter dieses Verses vgl. Lüdemann 1994: 175[1]/158[2]). Dabei kann die Nichterwähnung des Volkes schwerlich zu der Annahme führen, die Verantwortlichkeit für den Tod Jesu sei Lk zufolge auf die jüdische Elite zu begrenzen. Denn neben der Schuldzuweisung an das Volk im angeführten Text Lk 23,4.13–16 wird beispielsweise auch in Apg 3,15 (vgl. V. 12) ausdrücklich dieselbe Gruppe »belastet«.

Als *Fazit* zur lk Passionsgeschichte ergibt sich: Der Antijudaismus ist gegenüber Mk noch gesteigert, ebenso die Unschuld des Römers Pilatus. In beiderlei Hinsicht stimmen Mt und Lk unabhängig voneinander überein.

Die Passionsgeschichte im Johannesevangelium

Das von allen drei Synoptikern erzählte Verhör vor dem Hohen Rat findet sich bei Joh nicht (mehr). Der vierte Evangelist berichtet nur von einer Verhandlung vor Pilatus (Joh 18,28–19,16).

Vorher findet eine Befragung Jesu durch den Hohenpriester Hannas statt (Joh 18,19–23), der ihn gefesselt dem Hohenpriester Kaiphas überstellt (Joh 18,24). Von dort kommt Jesus zu Pilatus. Dieser muß sich mit der Angelegenheit befassen, weil die Juden den Gefangenen Jesus zu ihm bringen. Sie erscheinen einerseits als Ankläger vor dem Richter Pilatus, andererseits verlangen sie vom Statthalter die Ausführung eines von ihnen gefällten rechtsgültigen Urteils, das sie gar nicht ausgesprochen haben. Die Juden werden demnach in verwirrender Weise dargestellt. Julius Wellhausen bemerkt treffend: »Das Verhör vor Annas soll ein Verhör sein und ist keins, das vor Pilatus soll keins sein und ist eins, wenn auch nur materiell, nicht formell« (Wellhausen 1908: 83). Er fährt fort: Pilatus »läßt sich nämlich nicht in öffentlichem Verfahren mit Jesus ein, sondern unter vier Augen innerhalb des Prätoriums. Die Juden bleiben draußen und erfahren nur durch ihn etwas über den Stand seiner Verhandlungen mit den Angeklagten. Zu dem Zweck muß er beständig zwischen den Parteien hin und herlaufen, bald in das Prätorium herein, bald aus dem Prätorium hinaus« (Wellhausen 1908: 83f). Das ist kein »Wirrwarr«, wie Wellhausen (ebd.) meint, sondern ein literarischer Kunstgriff, mit dem sich der Erzähler zwei verschiedene Schauplätze schafft und das Drama auf zwei Bühnen spielen läßt (vgl. Haenchen 1967: 64). Dies geschieht aber auch, um die Juden von Anfang an in das Prozeßgeschehen einzubinden. Deswegen läßt Joh eine eigentliche Verhandlung vor dem Hohen Rat nicht stattfinden. Er flickt aber die Juden in den Bericht vom römischen Prozeß ein und steigert so ihre Schuld.

Obwohl die eigentliche Verhandlung vor dem Hohen Rat ausfällt, sind die Juden am Prozeß gegen Jesus unmittelbar beteiligt. Sie werden überdies noch mehr belastet, weil sie Jesus ausgeliefert haben (Joh 18,35) und Jesus dies ausdrücklich als Frevel hinstellt: »Der mich dir (sc. Pilatus) überantwortet hat, der hat größere Sünde« (Joh 18,11).

Hand in Hand mit der gesteigerten Schuldzuweisung an die Juden geht eine Entlastung des Pilatus. Dieser gibt seiner Überzeugung von der Unschuld Jesu mehrfach Ausdruck (18,38; 19,4.6) und versucht wiederholt, den Gefangenen freizusetzen (18,39; 19,1–5.12).

Die bei Joh wirksame Apologetik gegenüber dem römischen Staat auf Kosten der Juden findet eine weitere Steigerung im Petrusevangelium, das aus dem Anfang des 2. Jh.s stammt. Hier ist Pilatus ein Freund Josephs von Arimathäa (2,3) und damit indirekt ein Freund Jesu. Anfang des 3. Jh.s zeichnen die Kirchenväter Tertullian und Origenes den römischen Statthalter schließlich als Christen (vgl. Bauer 1967: 187–195 [mit weiteren Informationen zur Rolle des Pilatus in der frühchristlichen Literatur]).

Wer verurteilte Jesus wirklich zum Tode?

Eine gesicherte Tatsache ist Jesu Kreuzigung, eine römische Hinrichtungsart. Aus dieser Todesweise kann dreierlei gefolgert werden:

a) Römer brachten Jesus zu Tode;

b) zuvor fand ein römisches Gerichtsverfahren statt;

c) Jesus wurde wegen eines politischen Verbrechens verurteilt.

Weitere historische Einzelheiten lassen sich erst auf der Grundlage der Quellenkritik herausschälen. Die literarkritische Analyse führte zu dem Urteil, daß sowohl Mt als auch Lk und wohl auch Joh von dem Bericht des Mk *abhängig* sind. Das heißt dann aber: Für die Faktenfrage darf allein die Mk-Erzählung herangezogen werden.

Der Mk-Bericht über die Verhandlung und Verurteilung Jesu vor dem Hohen Rat (Mk 14,53–65) ist in jedem Fall sekundär und entweder von Mk selbst komponiert (vgl. Winter 1962) oder von einem Vorgänger. Jedenfalls entspricht er Stück für Stück dem Verhör vor Pilatus (Mk 15,1–5.15b-20a). Man vgl. die Parallelen:

Jesus vor dem Hohen Rat	Jesus vor Pilatus
14,53a	15,1
14,55	15,3
14,60	15,4
14,61a	15,5
14,61b	15,2
14,62	15,2
14,64	15,15
14,65	15,16–20

Daraus folgt, daß das Verhör vor dem Hohen Rat auf der Grundlage der traditionellen Erzählung von dem Verhör vor Pilatus komponiert worden ist und daher als Geschichtsbericht ausfällt.

Innerhalb des Berichts vom Verhör vor Pilatus sind sicher als sekundär die oben aufgewiesenen apologetischen sowie judenfeindlichen Züge zu streichen.

Dann bleibt historisch zurück: a) ein Prozeß vor dem römischen Präfekten Pilatus; b) eine politische Verleumdung seitens der Jerusalemer Priesterschaft – diese allein veranlaßte Pilatus zum Eingreifen; c) die Kreuzigung Jesu.

Pilatus – ein milder und einsichtsvoller Herrscher?
Die neutestamentlichen Evangelien zeichnen Pilatus als einsichts-
vollen Menschen, der die jüdischen Oberen durchschaut und die
Unschuld Jesu erkennt. Wie steht es um die historische Wahrscheinlichkeit eines solchen Urteils? Die verfügbaren Quellen zu Pilatus
zeichnen ein ganz anderes Bild, als es das Neue Testament entwirft.
Zwei (leicht zu vermehrende) Beispiele:

a) Der jüdische Philosoph Philo, ein Zeitgenosse des Apostels
Paulus, berichtet, daß unter Pilatus »Bestechlichkeit, Gewalttaten,
Räubereien, Mißhandlungen, Kränkungen, fortwährende Hinrich-
tungen ohne Urteilsspruch, endlose und unerträgliche Grausamkeiten« vorgekommen seien (Philo, Leg 38).

b) Josephus erzählt, daß Pilatus den Tempelschatz in Jerusalem
dazu mißbrauchte, um eine Wasserleitung nach Jerusalem zu bauen.
Er schreibt:

»Die Menge war darüber sehr erbost, und als Pilatus nach Jerusalem kam,
drängte sie sich schreiend und schimpfend um seinen Richterstuhl. Pilatus
hatte diese Unruhe der Juden im voraus vermutet und eine Anzahl von Soldaten, zwar bewaffnet, aber als Zivilisten verkleidet, unter die Menge ge-
mischt und ihnen den Befehl gegeben, vom Schwert keinen Gebrauch zu
machen, die Schreier aber mit Knüppeln zu bearbeiten. Nun gab er vom
Richterstuhl her das verabredete Zeichen; als es aber plötzlich Schläge
hagelte, gingen viele Juden unter den Streichen zugrunde, viele andere aber
wurden auf der Flucht von ihren eigenen Landsleuten niedergetreten.
Erschreckt über das Schicksal der Getöteten verstummte das Volk«
(Bell II 175–177).

Es paßt zu dem Bild eines grausamen römischen Beamten, wenn Lk
13,1 voraussetzt, daß Pilatus eine Zahl von Galiläern niedermachen
ließ, als diese ihre Opfer im Jerusalemer Tempel darbrachten.
Fazit: Die Sicht der neutestamentlichen Evangelien, Pilatus sei
ein einsichtsvoller Herrscher gewesen, beruht auf einer großen Täuschung. Ihre Auffassung, Pilatus sei nur ein Werkzeug der Juden
gewesen, damit diese ihren Todesbeschluß verwirklichen könnten,
ist reiner Wunsch und historisch unzutreffend (zum historischen
Pilatus vgl. Schürer 1964: 488–492; Lémonon 1981).

Die behauptete Schuld der Juden am Tod Jesu

Der hochgelehrte Kirchenvater Origenes (185/6–254 n. Chr.) schrieb zu Mt 27,25 und den daraus für die Juden resultierenden Konsequenzen: »Deswegen wurden sie nicht nur am Blut der Propheten schuldig, sondern machten das Maß ihrer Väter voll und wurden auch am Blut Christi schuldig... Deshalb kam das Blut Jesu nicht nur über die, die ehemals lebten, sondern auch über alle nachher folgenden Generationen der Juden bis zur Vollendung« (Vogt 1993: 324).

Diese Worte enthalten die christliche Durchschnittsmeinung über die Juden, wie sie sich in jahrhundertelanger Denktradition ausgebildet hat und vom ältesten Christentum bis in die Neuzeit hinein beherrschend war. Heute ist historisch geklärt, daß die Belastung der Juden durch die neutestamentlichen Evangelien geschichtlich unwahr ist. Sie geht, wie wissenschaftlich allgemein anerkannt ist, auf ihre apologetische Tendenz zurück, die nach dem zutreffenden Urteil Paul Winters die Römer entlasten und die Juden als Feinde hinstellen will.

Dieselben Neutestamentler, die sich in diesem Urteil einig sind, sagen allerdings oft, »daß geschichtliche Tatsachen unwichtig seien... Historie sei unwichtig und abgestorben, einzig auf die Deutung komme es an, die sich über die Gegebenheiten dessen, was einstmals geschah, erhebt« (Winter 1967: 104). Paul Winter fährt fort: »Was bei dieser Betrachtungsweise auf der Strecke bleibt, ist die Wahrheit: die unverschönerte, unverkerygmatisierte, untiefsinnige Wahrheit der Tatsachen. Was bei dieser Betrachtungsweise zu kurz kommt, ist das Gewissen« (ebd). Er schließt bezüglich der immer noch im Raum stehenden und nicht genug widersprochenen Behauptung der historischen Schuld der Juden am Tode Jesu die Frage an: »Oder wird die an kulturellen Gütern und Werten reiche Christenheit fortfahren bis ans Ende der Zeiten – und sich den Luxus einer Theologie leisten, für deren Kosten andere die Rechnung zahlen?« (ebd).

Die weitere Frage stellt sich unverzüglich: Wie kann man angesichts dieses brutalen historischen Befundes und angesichts der historischen Verfälschung des Sachverhalts die neutestamentlichen Evangelien in die Nähe des Wortes Gottes stellen, das angeblich allen Menschen die gute Nachricht von Gottes Barmherzigkeit ausrichten soll? *Fällt nicht von dieser ihrer dunklen Seite, die in der nachfolgenden Kirchengeschichte verheerende Folgen für die Juden hatte, ein tiefer Schatten auf alles andere, was sie auch geschrieben haben?* Kann man sich auf sie überhaupt noch verlassen, wenn sie an einer entscheidenden Stelle die historische Wahrheit so umgebogen haben?

Matthäusevangelium

Im folgenden seien drei Stücke behandelt, die weiteren Aufschluß über den Antijudaismus des Mt geben: das Gleichnis vom Hochzeitsmahl (22,1–14), die Rede gegen Schriftgelehrte und Pharisäer (23,1–38) und die Auferstehungsgeschichten (27,62–28,20).

Das Gleichnis vom Hochzeitsmahl (Mt 22,1–14)

Das Gleichnis vom Hochzeitsmahl folgt auf das von den bösen Weingärtnern (21,33–46), dessen Aussageabsicht bereits oben S. 86 bestimmt wurde. Sie lautete: Die Kirche löst Israel ab, sofern sie Jesu Worte hält. Israel ist restlos disqualifiziert und durch die Zerstörung Jerusalems seines Heils vollständig beraubt.

Eine ähnliche Intention läßt sich für das Gleichnis vom Hochzeitsmahl feststellen. Um der rascheren Erkennbarkeit willen sind die antijudaistischen und die ihnen positiv entsprechenden, auf die Heiden zielenden Partien kursiv gesetzt.

»(22,1) Und Jesus fing an und redete abermals in Gleichnissen zu ihnen und sprach: (2) Das Himmelreich gleicht einem König, der seinem Sohn die Hochzeit ausrichtete. (3) Und er sandte seine Knechte aus, die Gäste zur Hochzeit zu laden; doch sie wollten nicht kommen. (4) Abermals sandte er andere Knechte aus und sprach: Sagt den Gästen: Siehe, meine Mahlzeit habe ich bereitet, meine Ochsen und mein Mastvieh ist geschlachtet, und alles ist bereit; kommt zur Hochzeit! (5) Aber sie verachteten das und gingen weg, einer auf seinen Acker, der andere an sein Geschäft. (6) Einige aber ergriffen seine Knechte, verhöhnten und töteten sie. (7) *Da wurde der König zornig und schickte seine Heere aus und brachte diese Mörder um und zündete ihre Stadt an.* (8) Dann sprach er zu seinen Knechten: Die Hochzeit ist zwar bereit, aber *die Gäste waren's nicht wert.* (9) Darum *geht hinaus auf die Straßen* und ladet zur Hochzeit ein, wen ihr findet. (10) Und die Knechte *gingen auf die Straßen hinaus* und brachten zusammen, wen sie fanden, Böse und Gute; und die Tische wurden alle voll. (11) Da ging der König hinein, sich die Gäste anzusehen, und sah da einen Menschen, der hatte kein hochzeitliches Gewand an, (12) und sprach zu ihm: Freund, wie bist du hier hereingekommen und hast doch kein hochzeitliches Gewand an? Er aber verstummte. (13) Da sprach der König zu seinen Dienern: Bindet ihm die Hände und die Füße und werft ihn in die Finsternis hinaus! Da wird Heulen und Zähneklappern sein. (14) Denn viele sind berufen, aber wenige sind auserwählt.«

V. 1 ist Einleitung des Mt. V. 2–20 gehen ebenso wie Lk 14,16–24 (s. dazu unten S. 103) auf Q zurück. Mt hat die vorgegebene Q-Überlieferung durch Zusätze interpretiert. V. 11–14 ist von Haus aus ein unabhängiges Gleichnis. Es wurde von Mt hier erst hinzugefügt oder gehörte schon der Q-Überlieferung an, die er benutzt hat.

V. 2–10 sind eine Allegorie der Heilsgeschichte, diesmal aber über die Periode nach Ostern. Der König, d. h. Gott, veranstaltet ein Mahl für seinen Sohn, nämlich Jesus Christus. Daher kann nicht dieser die Einladung überbringen (wie bei Lk = Q). Mt »verwandelt den singularischen Knecht des Lc in einen Plural von Knechten, worunter dann nur die Apostel verstanden werden können. Sie laden die Juden durch ihre Predigt des Evangeliums ein, in das Reich Gottes einzutreten, stoßen aber bei den oberen Schichten auf geringschätzige Gleichgiltigkeit« (Wellhausen 1914: 105f). Die erste Gruppe von Knechten (V. 3) steht für die Propheten und die Ablehnung ihrer Botschaft, die zweite Gruppe (V. 4) bezeichnet die zu Israel (Jerusalem) gesandten Apostel und Missionare und die Mißhandlungen und Martyrien (V. 6), die einzelne von ihnen erlitten. Die Sendung auf die Straßen (V. 9f) läßt an die Heidenmission denken, der Eintritt in den Hochzeitssaal (V. 10b) an die Taufe (vgl. Jeremias 1965: 66). Die drastische Aussage von V. 7 zeigt eine Steigerung des Antijudaismus: Die mörderischen Juden werden umgebracht und ihre Stadt (= Jerusalem) angezündet, wie Mt es im Rückblick auf den Jüdischen Krieg im Jahre 70 n. Chr. schildern kann.

V. 11–14 schärfen wie die Allegorie von den bösen Weingärtnern die Rolle der guten Werke ein und sind ein weiterer Beleg dafür, daß es Mt auf das Verhalten ankommt. Denn durch V. 9, der die wahllose Einladung von Gästen erzählt, hätte der Eindruck einer Gleichgültigkeit in ethischer Hinsicht entstehen können.

Die Rede gegen Schriftgelehrte und Pharisäer (Mt 23,1–38)
Mt hat hier unter Verwendung von Q (Lk 11,37–52; 13,34f) einen großen Abschnitt eingeschoben. Die Anrede richtet sich bei Mk an das Volk (12,37f), bei Mt auch an die Jünger (Mt 23,1.8–12). Mk spricht nur von Schriftgelehrten (Mk 12,38), während Mt die Schriftgelehrten und die Pharisäer zusammenfaßt (Mt 23,2) und Lk beide künstlich unterscheidet (Lk 11,39.46). Mt beläßt die Reden in der Situation von Mk 12,38–40, wobei der Schriftgelehrte, der bei

Mk nicht fern von der Gottesherrschaft war (Mk 12,34), bei Mt zum bloßen Versucher geworden ist (Mt 22,35) – ein düsteres Vorzeichen dafür, was Jesus in der Sicht des ersten Evangelisten an Pech und Schwefel über die Schriftgelehrten und Pharisäer ausgießen wird.

In der Komposition von Reden erweist sich Mt als Schriftsteller von hohem Rang. Dies gilt nicht nur für seine berühmteste Komposition, die Bergpredigt (Mt 5–7), sondern auch für die vorliegende Rede gegen Schriftgelehrte und Pharisäer in Kap. 23:

»(1) Da redete Jesus zu dem Volk und zu seinen Jüngern (2) und sprach: Auf dem Stuhl des Mose sitzen die Schriftgelehrten und Pharisäer. (3) Alles nun, was sie euch sagen, das tut und haltet; aber nach ihren Werken sollt ihr nicht handeln; denn sie sagen es zwar, tun es aber nicht. (4) Sie binden schwere und unerträgliche Bürden und legen sie den Menschen auf die Schultern; aber sie selbst wollen keinen Finger dafür krümmen. (5) Alle ihre Werke aber tun sie, damit sie von den Leuten gesehen werden. Sie machen ihre Gebetsriemen bereit und die Quasten an ihren Kleidern groß. (6) Sie sitzen gern obenan bei Tisch und in den Synagogen (7) und haben es gern, daß sie auf dem Markt gegrüßt und von den Leuten Rabbi genannt werden. (8) Aber ihr sollt euch nicht Rabbi nennen lassen; denn einer ist euer Meister; ihr aber seid alle Brüder. (9) Und ihr sollt niemanden unter euch Vater nennen auf Erden; denn einer ist euer Vater, der im Himmel ist. (10) Und ihr sollt euch nicht Lehrer nennen lassen; denn einer ist euer Lehrer: Christus. (11) Der Größte unter euch soll euer Diener sein. (12) Denn wer sich selbst erhöht, der wird erniedrigt; und wer sich selbst erniedrigt, der wird erhöht.

(13) *Weh euch Schriftgelehrte und Pharisäer, ihr Heuchler*, die ihr das Himmelreich zuschließt vor den Menschen! Ihr geht nicht hinein, und die hinein wollen, laßt ihr nicht hineingehen.

(15) *Weh euch Schriftgelehrte und Pharisäer, ihr Heuchler*, die ihr Land und Meer durchzieht, damit ihr einen Judengenossen gewinnt; und wenn er es geworden ist, macht ihr aus ihm ein Kind der Hölle, doppelt so schlimm wie ihr.

(16) Weh euch, ihr verblendeten Führer, die ihr sagt: Wenn einer schwört bei dem Tempel, das gilt nicht, wenn aber einer schwört bei dem Gold des Tempels, der ist gebunden. (17) Ihr Narren und Blinden! Was ist mehr: das Gold oder der Tempel, der das Gold heilig macht? (18) Oder: Wenn einer schwört bei dem Altar, das gilt nicht; wenn aber einer schwört bei dem Opfer, das darauf liegt, der ist gebunden. (19) Ihr Blinden! Was ist mehr: das Opfer oder der Altar, der das Opfer heilig macht? (20) Darum, wer schwört bei dem Altar, der schwört bei ihm und bei allem, was darauf liegt. (21) Und wer schwört bei dem Tempel, der schwört bei ihm und bei dem, der darin wohnt. (22) Und wer schwört bei dem Tempel, der schwört bei dem Thron Gottes und bei dem, der darauf sitzt.

(23) *Weh euch, Schriftgelehrte und Pharisäer, ihr Heuchler*, die ihr den Zehnten gebt von der Minze, Dill und Kümmel und laßt das Wichtigste im Gesetz beiseite, nämlich das Recht, die Barmherzigkeit und den Glauben! Doch dies sollte man tun und jenes nicht lassen. (24) Ihr verblendeten Führer, die ihr Mücken aussiebt, aber Kamele verschluckt!

(25) *Weh euch, Schriftgelehrte und Pharisäer, ihr Heuchler*, die ihr die Becher und Schüsseln außen reinigt, innen aber sind sie voller Raub und Gier! (26) Du blinder Pharisäer, reinige zuerst das Innere des Bechers, damit auch das Äußere rein wird!

(27) *Weh euch, Schriftgelehrte und Pharisäer, ihr Heuchler*, die ihr seid wie die übertünchten Gräber, die von außen hübsch aussehen, aber innen sind sie voller Totengebeine und lauter Unrat! So auch ihr: Von außen scheint ihr vor den Menschen fromm, aber innen seid ihr voller Heuchelei und Unrecht.

(29) *Weh euch, Schriftgelehrte und Pharisäer, ihr Heuchler*, wie ihr den Propheten Grabmäler baut und die Gräber der Gerechten schmückt (30) und sprecht: Hätten wir zu Zeiten unserer Väter gelebt, so wären wir nicht mit ihnen schuldig geworden am Blut der Propheten! (31) Damit bezeugt ihr von euch selbst, daß ihr Kinder derer seid, die die Prophten getötet haben. (32) Wohlan, macht auch ihr das Maß eurer Väter voll! (33) Ihr Schlangen, ihr Otternbrut, wie wollt ihr der höllischen Verdammnis entrinnen?

(34) Darum: Siehe, ich sende zu euch Propheten und Weise und Schriftgelehrte; und von ihnen werdet ihr einige töten und kreuzigen, und einige werdet ihr geißeln in euren Synagogen und werdet sie verfolgen von einer Stadt zur anderen, (35) damit über euch komme all das gerechte Blut, das vergossen ist auf Erden, von dem Blut des gerechten Abel an bis auf das Blut des Secharja, des Sohnes Berechjas, den ihr getötet habt zwischen Tempel und Altar. (36) Wahrlich, ich sage euch: Das alles wird über dieses Geschlecht kommen.

(37) Jerusalem, Jerusalem, die du tötest die Propheten und steinigst, die zu dir gesandt sind! Wie oft habe ich deine Kinder versammeln wollen, wie eine Henne ihre Küken versammelt unter ihre Flügel; und ihr habt nicht gewollt! (38) Siehe, ›euer Haus soll euch wüst gelassen werden‹ (Jer 22,5; Ps 69,26).«

Die Rede beginnt mit anerkennenden Worten für die jüdischen Führer (V. 1–2a). Dann schlägt der Ton um: Sie tun nicht, was sie lehren und suchen nur äußerliche Anerkennung (V. 2b–7). Sie eignen sich wegen dieses Selbstwiderspruchs nicht als Vorbild. Damit ist der später folgende Hauptvorwurf der *Heuchelei* vorweggenommen. Zwar gibt es den »kleine Abschnitt über die christliche Demut (V. 8–12) ... nach den Vorwürfen von V. 3–7 noch einmal einen Ruhepunkt« (Haenchen 1965: 49). Aber dann bricht der Sturm los. Sieben Weherufe nageln die Schriftgelehrten und Pharisäer als Heuchler geradezu fest (V. 13–33). Die Siebenzahl ist von Mt beabsichtigt, um die Durchschlagskraft des Vorwurfs noch zu steigern. Zu diesem Zweck dürfte er den dritten Weheruf – sichtbar an der etwas abweichenden Einleitung (V. 16) – selbst hinzukomponiert haben, während die anderen, deren harte Polemik mit dadurch zu erklären sein wird, daß es sich um Auseinandersetzungen *innerhalb* eines Synagogenverbandes handelt (vgl. Becker 1990; Newport 1995 [Lit.]), auf Überlieferung zurückgehen.

Ging die Gerichtspredigt bis V. 33 nur an die Schriftgelehrten und Pharisäer, so ist dies V. 34–36 nicht mehr der Fall. Die formelle Anrede an die Pharisäer und Schriftgelehrten wird hier fallengelassen. Die christlichen Propheten, Weisen und Schriftgelehrten (sic!) zielen auf die Gegenwart des Mt. Sie werden das Schicksal der Tötung, Kreuzigung und Geißelung erleiden (vgl. Mt 10,17; 22,6), und zwar durch die von Jesus der Heuchelei bezichtigten Pharisäer und Schriftgelehrten. V. 35f zeigen, daß Mt an ein Gericht über ganz Israel denkt. »Hier liegt das Ziel des Kapitels« (Luz 1993: 313f; vgl. auch Becker 1990: 235). Die Klage über Jerusalem (V. 37f) setzt die Strafe der Verwüstung Jerusalems (im Jüdischen Krieg) voraus. »Die Stadt wird nicht etwa erst verwüstet, sondern sie ist verwüstet und soll in Trümmern *liegen bleiben*« (Wellhausen 1914: 115).

Die Schärfe und Polemik dieser Verdammungsurteile des Mt werden dadurch noch fraglicher, daß sie ja nicht einfach als Äußerung eines Propheten wiedergegeben, sondern Jesus selbst in den Mund gelegt werden.

Die Auferstehungsgeschichten (Mt 27,62–28,20)

Die Auferstehungsgeschichten im MtEv enthalten dort, wo sie das MkEv voraussetzen (vgl. Mt 28,1.5–10 = Mk 16,1–8), keine anti-judaistischen Züge. Im Sondergut ist das freilich anders.

Erstens enthält das MtEv eine Grabwächtergeschichte (Mt 27,62–66; 28,11–15), welche die im Anschluß an Mk 16,1–8 wiedergegebene Erzählung vom Gang der Frauen zum leeren Grab rahmt. Dabei nimmt Mt 28,13 auf 27,64 Bezug. Entgegen besserem Wissen sollen die Soldaten das Gerücht verbreiten, die Jünger hätten den Leichnam Jesu gestohlen, während sie selbst schliefen. Einen solchen Leichenraub hatten die jüdischen Oberen aber schon vorher befürchtet (Mt 27,64). Nun, da Jesus wirklich auferstanden ist, bestechen sie die Soldaten, diese falsche Kunde zu verbreiten. Sie sind also freche Lügner. Man kann hier beobachten, wie die Kritik ähnlich *gesteigert* ist wie in Mt 23,1–36 im Verhältnis zur benutzten und ergänzten Vorlage Mk 12,37b-40.

Zweitens findet sich am Ende des MtEv eine weitere Ostererzählung (28,16–20). Sie ist darin antijüdisch, daß ihr zufolge die christliche Botschaft nicht einmal mehr an Israel ausgerichtet werden soll, während lt. Mt 10,5f die Jünger noch ausschließlich zu den verlorenen Schafen des Hauses Israel und *nicht* zu den Heiden gesandt waren: »(5) ... Geht nicht den Weg zu den Heiden und zieht in keine Stadt der Samariter, (6) sondern geht hin zu den verlorenen Schafen aus dem Hause Israel!« Die Zielgruppe des Missionsbefehls (28,19: »Geht hin und machet zu Jüngern alle Völker...«), der sich bewußt auf Mt 10,5f zurückbezieht, sind ausschließlich Heiden. Dafür spricht *zum einen* die Überlegung, daß wegen des Rückbezugs von Mt 28,19 auf Mt 10,5f an beiden Stellen »Völker« (*ethne*) gleich zu deuten sein dürfte. In Mt 10,5f liegt aber wegen des Gegensatzes zu Israel eindeutig das Verständnis der Völker als »Heiden« vor. *Zum anderen* hätte Mt die Juden schwerlich unter dem Begriff »Völker« einordnen können; dazu lebte und dachte er noch zu sehr im jüdischen Rahmen, in dem der Begriff »Völker« ausschließlich Heiden (und nicht Juden) bezeichnete. Israel als dem von den Pharisäern neu konstituierten Judentum gilt die scharfe Polemik von Mt 23; zu den Völkern gehört es aber so gerade nicht mehr. Der Dialog mit Israel ist endgültig abgerissen. Die Sendung der Jünger zu Israel wird im Missionsbefehl nicht bewahrt, sondern ausdrücklich aufgehoben.

Die Sendung zu allen Heiden setzt, ekklesiologisch gesehen, eine Substitutionstheorie voraus. Die Kirche der Heiden tritt an die Stelle Israels. Das ungläubige Israel ist der Verdammnis der Hölle überantwortet angesichts der Schuld, die es durch die Tötung Jesu und seiner Gesandten auf sich geladen hat. (Eine andere Sicht der Rolle des ungläubigen Israel in der Gegenwart des Mt findet sich z. B. bei Levine 1988: 193–278 [Lit.], derzufolge die Juden schwerpunktmäßig Adressaten der christlichen Predigt bleiben.)

Lukanisches Doppelwerk

Der heilsgeschichtliche Gesichtspunkt

Angesichts der positiven Darstellung jüdischer Gebräuche im LkEv und in der Apg mag eine Analyse des Antijudaismus im lk Doppelwerk zunächst befremden. Denn die dort geschilderten Personen beachten die jüdischen Sitten: Jesus wird am achten Tag beschnitten

(Lk 2,21), hält sich schon als Zwölfjähriger im Tempel auf (Lk 2,46), ebenso wie es die erste Gemeinde praktizieren wird (Lk 24,53; Apg 2,46; 3,1; 5,42). Auch Paulus beobachtet streng das Gesetz: Er besucht an jedem Sabbat die Synagoge, beschneidet seinen Begleiter Timotheus (Apg 16,3), beteiligt sich an dem jüdischen Ritual des Nasiräats (Apg 21,23–26) und ist als Christ darauf stolz, Pharisäer gewesen zu sein (Apg 26,5).

Doch scheint diese Art der Darstellung auf den im Prolog Lk 1,1–4 erhobenen Anspruch des Lk zurückzugehen, eine Geschichtsdarstellung zu geben. Sie wäre dann Bestandteil seiner historisierenden Tendenz, der sich nichts Direktes über seine eigene theologische Meinung entnehmen läßt. Dabei wird

»das Verhältnis von Kirche und Judentum durch eine allmähliche schrittweise Ablösung bestimmt. Lukas lehrt nicht einen abrupten Abbruch der heilsgeschichtlichen Erwählung Israels, wie dies für Matthäus, aber auch für Markus festgestellt werden kann. Die Kirche bleibt vielmehr nach Tod und Auferweckung Jesu im Verband des Judentums. Ihre Predigt gilt den Juden. So zeigt es die Pfingstgeschichte (Apg 2,1–13), deren Völkerkatalog (2,9–11) sich demnach nicht auf Heiden, sondern auf Diasporajuden bezieht, die in verschiedenen Ländern außerhalb Palästinas beheimatet sind« (Strecker 1995: 433f).

Erst die »Ablehnung der Verkündigung durch die Juden schafft eine selbständige, aus Juden und Heiden bestehende Kirche, die sich in der heilsgeschichtlichen Kontinuität mit dem jüdischen Gottesvolk verbunden weiß und sich damit als die Wahrerin des eigentlichen Erbes des Judentums versteht« (Strecker 1995: 434). Dies sollte man im Sinne des Lk theologisch nicht als Erweiterung Israels bezeichnen (so freilich Marguerat 1994: 250 unter Hinweis auf Apg 13,47 – aber alttestamentliche Zitate sind immer ein zweifelhaftes Kriterium zur Bestimmung ihres redaktionellen Sinnes im Kontext), sosehr feststeht, daß das lk Christentum historisch eine Fortentwicklung eines griechischsprachigen Judentums darstellt.

Von dieser heilsgeschichtlich begründeten Sicht ist die Stoßrichtung von Aussagen zu unterscheiden, die unmittelbar auf die Gegenwart zielen. Ihr antijüdischer Inhalt wurde bereits an der lk Fassung der Allegorie von den bösen Weingärtnern (Lk 20,9–19) und an der Passionsgeschichte deutlich, bei der Lk über Mk hinaus sowohl den Juden die Schuld an der Hinrichtung Jesu in die Schuhe geschoben als auch den Römer Pilatus weiter entlastet hat (vgl. auch

Apg 3,15; 4,10; 7,52; 13,17–29 zur Verantwortlichkeit der jüdischen Oberen und des jüdischen Volkes am Tode Jesu).

Weiteren Aufschluß über den Antijudaimus des lk Doppelwerkes können nur Textanalysen geben.

Das Gleichnis vom Gastmahl (Lk 14,15–24)

»(15) Als aber einer das hörte, der mit ihm zu Tisch saß, sprach er zu Jesus: Selig ist, der das Brot ißt im Reich Gottes! (16) Er aber sprach zu ihm: Es war ein Mensch, der machte ein großes Abendmahl und lud viele dazu ein. (17) Und er sandte seinen Knecht aus zur Stunde des Abendmahls, den Geladenen zu sagen: Kommt, denn es ist alles bereit! (18) Und sie fingen an alle nacheinander, sich zu entschuldigen. Der erste sprach zu ihm: Ich habe einen Acker gekauft und muß hinausgehen und ihn besehen; ich bitte dich, entschuldige mich. (19) Und der zweite sprach: Ich habe fünf Gespanne Ochsen gekauft, und ich gehe jetzt hin, sie zu besehen; ich bitte dich, entschuldige mich. (20) Und der dritte sprach: Ich habe eine Frau genommen, darum kann ich nicht kommen. (21) Und der Knecht kam zurück und sagte das seinem Herrn. Da wurde der Hausherr zornig und sprach zu seinem Knecht: Geh schnell hinaus auf die Straßen und Gassen der Stadt und führe die Armen, Verkrüppelten, Blinden und Lahmen herein. (22) Und der Knecht sprach: Herr, es ist geschehen, was du befohlen hast; es ist aber noch Raum da. (23) Und der Herr sprach zu dem Knecht: Geh hinaus auf die Landstraßen und an die Zäune und nötige sie, hereinzukommen, daß mein Haus voll werde. (24) Denn ich sage euch, daß keiner der Männer, die eingeladen waren, mein Abendmahl schmecken wird.«

Das Gleichnis vom Gastmahl stammt aus der Q-Überlieferung, wie die Mt-Parallele (22,1–10) zeigt. Im folgenden seien drei Punkte in der lk Interpretation des Gleichnisses herausgearbeitet: a) Im Kontext des LkEv dient das Gleichnis als Beispielerzählung zu der in Lk 14,12–14 ergangenen Aufforderung, die Ärmsten einzuladen, denn in V. 21 erscheint dieselbe Aufzählung wie in V. 13 (»Arme, Verkrüppelte, Lahme, Blinde«).

b) Eine zweite Pointe des Gleichnisses für Lk wird in V. 23 deutlich: Die außerhalb der Stadt wohnenden Leute dürften sich auf die Heiden beziehen (vgl. Jeremias 1965: 61f).

c) Die dritte Pointe liegt in V. 24, mit dem ausdrücklich den ursprünglich Eingeladenen (nämlich den Juden) der Zugang zum Mahl abgesprochen wird, weil sie die Einladung nicht annahmen. Was Lk nur feststellt, verstärkt Mt und malt es gewalttätig aus: die (ungläubigen) Juden werden ermordet und für immer vom Heil ausgeschlossen (s. oben S. 96 f).

Der Bericht von der Wirksamkeit
des Paulus in Rom (Apg 28,17–31)

Der Antijudaismus des Lk zeigt sich in der Apg dort, wo er stereotyp davon berichtet, daß Paulus zwar den Juden das Evangelium verkündigt, diese aber regelmäßig diese Botschaft ablehnen und Paulus in der Folge zum reinen Heidenmissionar wird. Einen Höhepunkt erreicht dieses antijudaistische Strickmuster am Ende der Apg. Geht man davon aus, daß besonders am Schluß eines literarischen Werkes der leitende Gesichtspunkt des betreffenden Autors deutlich wird, so verspricht eine Untersuchung des Endes der Apg weiteren Aufschluß über den Antijudaismus des Lk zu geben.

»(28,17) Es geschah aber nach drei Tagen, daß Paulus die angesehensten der Juden bei sich zusammenrief. Als sie zusammengekommen waren, sprach er zu ihnen: Ihr Männer, liebe Brüder, ich habe nichts getan gegen unser Volk und die Ordnungen der Väter und bin doch als Gefangener aus Jerusalem überantwortet in die Hände der Römer. (18) Diese wollten mich losgeben, nachdem sie mich verhört hatten, weil nichts gegen mich vorlag, das den Tod verdient hätte. (19) Da aber die Juden widersprachen, war ich genötigt, mich auf den Kaiser zu berufen, nicht, als hätte ich mein Volk wegen etwas zu verklagen. (20) Aus diesem Grund habe ich darum gebeten, daß ich euch sehe und zu euch sprechen könnte; denn um der Hoffnung Israels willen trage ich diese Ketten. (21) Sie aber sprachen zu ihm: Wir haben deinetwegen weder Briefe aus Judäa empfangen noch ist ein Bruder gekommen, der über dich etwas Schlechtes berichtet oder gesagt hätte. (22) Doch wollen wir von dir hören, was du denkst; denn von dieser Sekte ist uns bekannt, daß ihr an allen Enden widersprochen wird. (23) Und als sie ihm einen Tag bestimmt hatten, kamen viele zu ihm in die Herberge. Da erklärte und bezeugte er ihnen das Reich Gottes und predigte ihnen von Jesus aus dem Gesetz des Mose und aus den Propheten vom frühen Morgen bis zum Abend. (24) Die einen stimmten dem zu, was er sagte, die anderen aber glaubten nicht. (25) Sie waren aber untereinander uneins und gingen weg, als Paulus dies eine Wort gesagt hatte: Mit Recht hat der Heilige Geist durch den Propheten Jesaja zu euren Vätern gesprochen: (26) Geh hin zu diesem Volk und sprich: Mit den Ohren werdet ihr es hören und nicht verstehen; und mit den Augen werdet ihr es sehen und nicht erkennen. (27) Denn das Herz dieses Volkes ist verstockt, und ihre Ohren hören schwer, und ihre Augen sind geschlossen, damit sie nicht etwa mit den Augen sehen und mit den Ohren hören und mit dem Herzen verstehen und sich bekehren und ich ihnen helfe. (28) *So sei es euch kundgetan, daß den Heiden dies Heil Gottes gesandt ist; und sie werden es hören.*

(30) Paulus aber blieb zwei volle Jahre in seiner eigenen Wohnung und

nahm alle auf, die zu ihm kamen, (31) predigte das Reich Gottes und lehrte von dem Herrn Jesus Christus mit allem Freimut ungehindert.«

Den römischen Juden gegenüber gibt sich Paulus als jüdischer Patriot: »Um der Hoffnung Israels willen« trage er die Ketten (V. 20). Die Sympathie der Juden kommt in ihrem Wissensdurst und weiter darin zum Ausdruck, daß sie nichts Negatives über Paulus gehört haben (V. 21f).

Freilich ist der Gesamttext den ungläubigen Juden gegenüber nur scheinbar freundlich. Zwar hat man sich auf V. 24 als Zeichen der Offenheit für das Verhältnis Christen – Juden zur Zeit des Lk gestützt (vgl. Marguerat 1994: 261). Aber in V. 24 liegt (ebenso wie in Apg 17,4; 19,9) das Schwergewicht darauf, daß die paulinische Predigt unter den Juden Entzweiung bewirkt. Zudem bleibt als Fazit der Auseinandersetzung des Paulus mit den Juden ja übrig, daß Lk ein Zitat aus dem Propheten Jesaja gebraucht, um zu begründen, daß die Augen der Juden geschlossen bleiben, ja, daß die Augen geschlossen sind, damit (!) sie nicht verstehen oder sich bekehren. Man wird sich das so vorstellen müssen, daß zur Zeit des Lk die Judenmission zum Erliegen gekommen ist und der Vf. der Apg begründen muß, warum nun ausschließlich den Heiden das Heil Gottes zuteil wird, während die Juden im Unglauben verharren, ja verharren *müssen* (anders z. B. Weatherly 1994: 150–155, vgl. 275: »The mission to Jews does not appear to be over, and the church remains composed of both Jews and Gentiles«).

Man beachte am Schluß die Aussage, daß Paulus in Rom ungehindert das Evangelium predigt. Das ist ein apologetischer Schachzug gegenüber der römischen Leserschaft, die damit für die lk Version des Christentums eingenommen werden soll.

Den Lk-Teil zusammenfassend, kann gesagt werden: Lk schreibt eine Heilsgeschichte, die von einer allmählichen Loslösung der Kirche von Israel bestimmt ist, bis am Ende der Apg die endgültige Trennung beider angezeigt und die Ehrentitel Israels für die lk Kirche in Anspruch genommen werden. (Im letzten Punkt sind sich alle drei synoptischen Evangelien und das sogleich darzustellende JohEv einig.) Lk schiebt in den historisierenden Evangelien- und Apg-Text oftmals antijudaistische Spitzen ein und gibt damit über seinen eigentlichen Standpunkt Auskunft (vgl. mit der obigen Darstellung Sanders 1987).

Johannesevangelium

Das JohEv ist das jüngste der vier neutestamentlichen Evangelien. Erste Ergebnisse zu dem in ihm enthaltenen Antijudaismus brachte ein Vergleich seiner Passionsdarstellung mit denen der Synoptiker. Das Resultat lautete: a) das JohEv betont mehr als alle anderen Evangelien des Neuen Testaments die Unschuld des Pilatus; b) Hand in Hand damit belastet es die Juden am meisten hinsichtlich ihrer Verantwortlichkeit für den Tod Jesu.

Antijudaismus als Bestandteil
einer historischen Darstellung des Wirkens Jesu

Es nimmt daher nicht wunder, daß sich die Auseinandersetzung Jesu mit den jüdischen Gegnern wie ein roter Faden durch das JohEv zieht. Diese Kontroverse findet eine Zuspitzung dort, wo Jesus die Juden als Teufelssöhne bezeichnet (Joh 8,44). Von Anfang an wird die Tötungsabsicht der Juden vom Vf. des JohEv betont: 5,16.18; 7,1; 8,19; 8,22–24.37–59. Sie setzt sich fort in 10,31–39; 11,45–53; 19,7. Der erbitterte Streit erreicht einen vorläufigen Höhepunkt in 8,37–45. Er hat mit 2,14 begonnen und erstreckt sich über mehrere Streitgespräche bis 8,59 hin.

Der Antijudaismus des JohEv ist somit Bestandteil einer historischen Darstellung des Wirkens Jesu. Aus ihr soll der wichtigste Abschnitt hier vorgestellt werden.

Joh 8,37–45:

»(37) Ich weiß wohl, daß ihr Abrahams Kinder seid; aber ihr sucht mich zu töten, denn mein Wort findet bei euch keinen Raum. (38) Ich rede, was ich von meinem Vater gesehen habe; und ihr tut, was ihr von eurem Vater gehört habt. (39) Sie antworteten und sprachen zu ihm: Abraham ist unser Vater. Jesus spricht zu ihnen: Wenn ihr Abrahams Kinder wäret, so tätet ihr Abrahams Werke. (40) Nun aber sucht ihr mich zu töten, einen Menschen, der euch die Wahrheit gesagt hat, wie ich sie von Gott gehört habe. Das hat Abraham nicht getan. (41) Ihr tut die Werke eures Vaters. Da sprachen sie zu ihm: Wir sind nicht unehelich geboren; wir haben einen Vater: Gott. (42) Jesus sprach zu ihnen: Wäre Gott euer Vater, so liebtet ihr mich; denn ich bin von Gott ausgegangen und komme von ihm; denn ich bin nicht von selbst gekommen, sondern er hat mich gesandt. (43) Warum versteht ihr denn meine Sprache nicht? Weil ihr mein Wort nicht hören könnt!

(44) *Ihr habt den Teufel zum Vater*, und nach eures Vater Gelüste wollt ihr tun. Der ist ein Mörder von Anfang an und steht nicht in der Wahrheit;

denn die Wahrheit ist nicht in ihm. Wenn er Lügen redet, so spricht er aus dem Eigenen; denn er ist ein Lügner und der Vater der Lüge.

(45) Weil ich aber die Wahrheit sage, glaubt ihr mir nicht.«

In diesem Text werden die ungläubigen Juden ausdrücklich als Teufelskinder bzw. Teufelssöhne bezeichnet. Die Auseinandersetzung zwischen den Christen hinter dem JohEv und den ungläubigen Juden treibt einem Höhepunkt zu, der kaum zu überbieten ist. Zweifellos geht die Schärfe der Polemik darauf zurück, daß Christen des joh Gemeindeverbandes und ungläubige Juden aneinandergeraten sind. Insofern handelt es sich hier um zeitbedingte Aussagen. Sie sind freilich kaum rhetorischer Natur oder gar Sprachspiele. Der Vf. meint zweifellos das, was er schreibt, und schreibt das, was er meint. Das bedeutet dann aber, die ungläubigen Juden werden im Text dämonisiert. Diese Verteufelung setzt nicht unbedingt eine große historische Distanz zwischen ihnen und der joh Gemeinde voraus. Ja, es mag sich um einen innerjüdischen Disput handeln, der erst später zu einer endgültigen Trennung führte. Kontroversen zwischen Gruppen, die sich innerlich nahe sind, werden durchweg mit größerer Schärfe geführt als zwischen Parteien, die sich nicht füreinander interessieren. Aber dies ändert nichts an der Endgültigkeit der besagten Verdammungsaussagen (zu Thyen 1980).

Antijudaismus im Rahmen der johanneischen Theologie
Zeichnete sich bereits in der historischen Darstellung des Wirkens Jesu ein scharfer Antijudaismus ab, so kommt dieser in der johanneischen Theologie verstärkt zum Ausdruck. Die Juden haben einen bedeutenden Platz im Rahmen des joh Dualismus. Hier gilt der Gegensatz Gott und Welt, Licht und Finsternis, Wahrheit und Lüge, wobei die Juden als Vertreter der Welt die nichtglaubenden Menschen darstellen. Sie gehören zur Finsternis (8,12), zur Lüge (8,44) und zum Tod (8,51): Sie sind »aus dieser Welt« und stammen »von unten« (8,23). Sie haben nicht den erkannt, der »von oben« und »nicht aus dieser Welt« ist, weshalb sie in ihren Sünden sterben müssen (8,24). »Nehmen sie Anstoß daran, daß er Gott seinen Vater nennt und sich Gott gleichmacht (5,18), daß er behauptet, vor Abraham zu sein (8,58; vgl. 8,53), so geben sie damit zu erkennen, daß ihnen das Woher und Wohin des Offenbarers unbekannt ist (7,33f; 8,14)« (Strecker 1995: 520). Sie kennen Gott nicht (5,19–47; 7,28; 15,21; 16,3), ja können ihn nicht kennen, da Gott nur durch den Sohn erkannt wird (8,14.19.42). Weil sie »nach dem Fleisch urtei-

len« (8,15), bleiben sie in der Unfreiheit; denn allein der Sohn macht wirklich frei (8,33ff). »Kommt auch von den Juden das Heil (4,22), so gilt dies doch nur in einem vor-läufigen, auf die historische Erfahrung Jesu bezogenen Sinn; denn die wahre Anbetung vollzieht sich im Geist und in der Wahrheit (4,23)« (Strecker 1995: 520).

Die Kehrseite dieses schroffen Antijudaismus liegt in der Christologie, wie sie sich etwa in Joh 14,6 zeigt: »Ich bin der Weg, die Wahrheit und das Leben; niemand kommt zum Vater denn durch mich.« Dieser Anspruch auf Ausschließlichkeit ist aber durch und durch jüdisch, wie der vorige Hauptteil gezeigt hat.

Offenbarung des Johannes

Die Offenbarung des Johannes (Offb) gibt sich als Sendschreiben »an die sieben Gemeinden in Asien« (1,4), ist jedoch 1,2 zufolge im ganzen zutreffend als Visionsbericht zu charakterisieren. Der Vf. nennt sich Johannes (1,1.4.9; 22,8) und war beim Adressatenkreis eine angesehene Persönlichkeit. Er stellt sich selbst als Propheten hin (1,9–20; 22,7.10.18f). Seine Schrift ist wohl während der Verfolgung unter dem Kaiser Domitian (81–96 n. Chr.), vielleicht aber auch erst unter Kaiser Trajan (98–117 n. Chr.), entstanden.

In Offb 2–3 finden sich sieben Sendschreiben des auferstandenen Christus an kleinasiatische Gemeinden, deren Echtheit trotz ihres jeweils einheitlichen Aufbaus anzunehmen ist. »Echtheit« bedeutet: Johannes hat sie verfaßt und führt ihren Inhalt auf den auferstandenen Christus zurück (vgl. Offb 1,19). Die Briefe geben Informationen über die Zustände in den jeweiligen Kirchen und treffen an zwei Stellen negative Aussagen über ungläubige Juden.

Brief an die Gemeinde von Smyrna (Offb 2,9)
Im Brief an die Gemeinde von Smyrna heißt es Offb 2,9: »Ich kenne deine Bedrängnis und deine Armut – du bist aber reich – und die Lästerung von denen, die sagen, sie seien Juden und sind es nicht, sondern sind die Synagoge des Satans.«

Der Vf. streitet einer anderen Gruppe den Judennamen ab und bezeichnet ihre Mitglieder kurzerhand als Synagoge des Satans. Er beansprucht den Judennamen aber für sich selbst und seine Gemeinde. Das Wort »Synagoge« läßt darauf schließen, daß es sich um eine jüdische Gruppe handelt. Ihre Angehörigen befanden sich offensichtlich mit der Gemeinde des Johannes in der Auseinandersetzung über die Messiasfrage und damit über das christologische Bekenntnis. Die Leugnung, daß Jesus der Messias sei, faßt Johannes als Lästerung auf. Er steht auf dem Standpunkt der christlichen Gemeinden ab der zweiten Generation, die – ob Heiden- oder Judenchristen – allen Juden, die den Glauben an Christus verweigern, die Zugehörigkeit zum Gottesvolk absprechen. Der auferstandene Christus bekämpft mit dem Ausdruck »Synagoge des Satans« den Anspruch der jüdischen Gemeinde, Versammlung (= Synagoge) Gottes zu sein (vgl. 4. Mose 16,3). Dies geschieht deswegen, weil »die Juden ihm die Anerkennung als Herrscher über das Gottesvolk verweigert haben. Wer sich aber der Herrschaft Jesu Christi und damit Gottes nicht unterstellt, der gibt sich, gemäß der zum Dualismus tendierenden Geschichtsschau der Apk, der Herrschaft des dämonischen Widersachers Gottes anheim« (Roloff 1984: 52).

Ob bereits eine vollständige Separation zwischen der Gemeinde des Johannes und der lokalen jüdischen Synagoge eingetreten ist, bleibt offen. *Dagegen* spricht der jüdische Charakter der Offb, *dafür* die Härte der Polemik. Jedoch ist klar, daß eine vollständige Trennung, sollte sie noch nicht stattgefunden haben, doch unmittelbar vor der Tür steht.

Brief an die Gemeinde von Philadelphia (Offb 3,9)
Im Brief an die Gemeinde von Philadelphia heißt es Offb 3,9: »Siehe, ich werde schicken einige aus der Synagoge des Satans, die sagen, sie seien Juden und sind es nicht, sondern lügen; siehe, ich will sie dazu bringen, daß sie kommen sollen und zu deinen Füßen niederfallen und erkennen, daß ich dich geliebt habe.« In diesem Schreiben äußert sich der auferstandene Christus durch Johannes ähnlich wie im Brief an die Gemeinde von Smyrna. Auch hier spricht er wirklichen Juden den Ehrentitel Juden ab. Man hat öfters gemeint, daß der Begriff Jude an dieser Stelle, wie im Brief an die Gemeinde von Smyrna, judenchristliche Gnostiker bezeichne, die innerhalb der Gemeinden aufgetreten seien. Doch spricht hiergegen das Lob für die Gemeinde in Philadelphia Offb 3,8b: »Du hast eine kleine Kraft und hast mein Wort bewahrt und hast meinen Namen nicht verleugnet«, das schwerwiegende Störungen im dortigen Gemeindeleben zu jener Zeit ausschließt (vgl. Lohse 1992: 6). Ist aber für Offb 3,9 die Gnostikerthese abgewehrt, so folgt wegen der identischen Ausdrücke das gleiche für Offb 2,9.

Fazit: An zwei Stellen spricht der auferstandene Christus alias Johannes (ungläubigen) Juden den Judennamen ab, weil sie nicht mit seiner Christologie übereinstimmen bzw. diese angreifen. Die

Polemik ist scharf, aber innerhalb des Judentums nicht ungewöhnlich, wie folgende Beispiele belegen:

a) Die gesetzesstrenge Gemeinde von Qumran urteilte über alle anderen Gruppen des Judentums, die den Gehorsam gegenüber dem Willen Gottes weniger ernst nahmen oder einer anderen Auslegung folgten als sie selbst: »Sie sind die Gemeinde des Frevels, und in der Finsternis geschehen alle ihre Werke« (1QM XV,9); die Söhne der Finsternis seien »Frevler am Bunde« (1QM I,2), »ein Rat des Trugs und Gemeinde Belials (= Satan)« (1Q H II,22). Ihnen müsse die »Gemeinde Gottes« (1Q M IV,9) in standfester Treue und kampfbereiter Abwehr widerstehen (vgl. Lohse 1992: 21).

b) Jub 15,33 zufolge sind alle Juden, die ihre Kinder nicht beschneiden lassen, »Söhne Beliars (= Satan)«.

c) Aber auch die Polemik, Synagoge des Satans zu sein, ist nicht so ungewöhnlich, wie es auf den ersten Blick aussieht. Denn die Gefährdung durch den Satan bleibt auch bei christlichen Gemeinden erhalten (vgl. Offb 2,13.24).

Freilich können die Überlegungen zur möglichen historischen Nähe der christlichen Gemeinde zur jüdischen Synagoge nichts an der rigorosen Sprache ändern. Auch hier ist Antijudaismus, ebenso wie im JohEv, in der Christologie begründet.

Zwischenüberlegung

Es ist jetzt an der Zeit zu fragen, ob der Inhalt des eingangs zitierten Textes aus der Kirchengeschichte Eusebs dem entspricht, was die genannten neutestamentlichen Autoren über die Juden gesagt haben. Ist also die religiös motivierte Ablehnung der Juden bei Euseb gleichzusetzen mit derjenigen der neutestamentlichen Verfasser?

Diese Frage verlangt eine positive Antwort: *Erstens* stellen sowohl Euseb als auch die Synoptiker die Zerstörung Jerusalems als Strafe Gottes für die Ermordung Jesu hin. *Zweitens* wird die Ablehnung der Juden jeweils christologisch begründet. *Drittens* lassen die genannten neutestamentlichen Autoren trotz tiefer Verwurzelung in jüdischen Traditionen ebenso wie Euseb keinen Zweifel daran, daß ihr christliches Bekenntnis vollständig ist und keiner Ergänzungen bedarf. Sie vertreten ein geschlossenes System, das eine Öffnung gegenüber Andersgläubigen nicht zuläßt, seien diese ihnen noch so verwandt. Ja, es scheint geradezu so, als ob die neutestamentlichen Schriftsteller gerade infolge ihrer – tragischen (!) – Nähe zu nicht christusgläubigen Juden noch radikalere Verdammungsurteile über ihre jüdischen Zeitgenossen gefällt haben als Euseb. Man beachte zusätzlich, daß diese teilweise vernichtenden Aussagen Jesus selbst in den Mund gelegt wurden und damit eine unangreifbare Autorität empfingen.

Über die Entstehung des Antijudaismus im Neuen Testament

Über die Entstehung des Antijudaismus sind gut begründete Aussagen möglich. Er ist direkt mit dem Anspruch der christlichen Gemeinden verbunden, daß nur in Christus und in keinem anderen Heil ist. Vgl. Apg 4,12 (Predigt des Petrus): »Es ist in keinem anderen Heil, ist auch kein anderer Name unter dem Himmel den Menschen gegeben, darin wir sollen selig werden.« Mit anderen Worten, die Christologie führte zu einem Anspruch, der alle anderen Glaubensweisen ausschloß und sie, falls er nicht anerkannt wurde, sofort verteufelte. Man vgl. ferner Joh 14,6: »Ich bin der Weg, die Wahrheit und das Leben, niemand kommt zum Vater denn durch mich.« Zusätzlich ist zu beachten: Erst als die Kirche hauptsächlich heidenchristlich war, kam es zum Antijudaismus. Christologie, die rein innerjüdisch vertreten wurde, wie beispielsweise bei Bar Kochba, der Anfang des 2. Jh.s von Rabbi Akiba zum Messias erklärt wurde (vgl. Karrer 1991: 316–319; Schäfer 1981: 55–67), kannte keinen Antijudaismus.

Nun wurzeln die beiden genannten (und andere, hier nicht aufgeführte) Texte gewiß in einer bestimmten Situation und sind von ihrer Absicht her Urteile, die weder in allen Situationen und zu allen Zeiten gelten noch Aufnahme in einen Kanon heiliger Schriften finden sollten. Vielmehr sind sie historisch verständlich zu machen. Doch gibt es angesichts dessen, was sie enthalten, keine andere Möglichkeit, als sie im Sinne des Ausschließlichkeitsanspruches der betreffenden Gruppen bzw. des diese Urteile überliefernden Christentums aufzufassen. Jedes andere Verständnis befände sich im Gegensatz zu ihrem wörtlichen Inhalt. Mit anderen Worten, an der Anerkennung Jesu Christi als des Heiles der Welt führt ihrer Meinung nach kein Weg vorbei – für die Juden nicht und auch für die Heiden nicht, unabhängig davon, ob sich ihre Verfasser noch innerhalb einer jüdischen Gemeinde oder bereits außerhalb befanden. Schlossen sich aber – wie oft geschehen – Juden oder / und Heiden diesem Urteil über Jesus als Heil der Welt nicht an, so *mußten* sie dem Bereich der Finsternis zugewiesen werden. Antijudaismus ist also die Kehrseite des »Christus allein« – in der Ausdrucksweise

Rosemary Ruethers ist Antijudaismus die linke Hand der Christologie (Ruether 1978; zur Auseinandersetzung in Nordamerika mit diesem wichtigen Werk vgl. die Beiträge in Davies 1979 und die Ausführungen von Gager 1983: 13–34 sowie Klassen 1986: 16–18). Man hat zu dieser These gesagt, sie schreibe »in gewisser Weise das Neue Testament auf seine spätere antijüdische Auslegungsgeschichte fest…, ohne die fraglos vorhandenen Unterschiede und zumal die qualitative Veränderung des Verhältnisses zwischen Christen und Juden ernst zu nehmen, die durch das Auseinandergehen der Wege am Ende des ersten und vor allem in den folgenden Jahrhunderten stattgefunden hat« (Stegemann 1980: 120). Gegenüber diesem Einwand mag schlicht auf den Inhalt der neutestamentlichen Zeugnisse verwiesen werden, auch wenn sofort anzuerkennen ist, daß der Antijudaismus zu verschiedenen Zeiten mehr als einen Grund gehabt hat. Man denke nur an einen möglichen Einfluß des paganen Antisemitismus auf die frühen Christen oder an ihre Verfolgung durch jüdische Behörden. Hier ist ein weiteres Nachdenken auch unter Berücksichtigung geographischer Besonderheiten nötig. Dies alles ändert aber nichts an der allgemeinen Richtigkeit des Urteils, daß die Juden von den neutestamentlichen Autoren mit Antijudaismus überzogen wurden, weil sie das Christusbekenntnis nicht annahmen.

Ulrich Wilckens behält also in dem Urteil Recht: »Wir kommen also gar nicht um die Erkenntnis herum, daß das gesamte urchristliche Schrifttum von einem mehr oder weniger scharfen Gegensatz gegen das umgebende Judentum durchzogen ist« (1974: 604). Dieses Urteil ist allerdings noch auf den Gegensatz auch gegenüber dem Heidentum auszuweiten, von dem sich die junge Kirche schon wegen des von Israel übernommenen Monotheismus strikt abgrenzte.

Korrekturmöglichkeiten des Antijudaismus?

Es ist nur allzu verständlich, daß angesichts dieses für den gegenwärtigen jüdisch-christlichen Dialog trostlosen Befundes die Meinung geäußert worden ist, Antijudaismus dürfe nicht die linke Hand der Christologie sein (vgl. Marquardt 1983: 9). Die Aufgabe bestehe vielmehr darin, eine Israel *bejahende* Christologie zu finden (ebd.).

Doch ist diese Forderung im Blick auf die oben analysierten neutestamentlichen Texte als illusionär zu bezeichnen. Gleichzeitig sei betont: Diese Israel bejahende Christologie hat es nur in dem von der Großkirche verketzerten Judenchristentum außerhalb des Neuen Testaments gegeben (vgl. dazu Lüdemann 1995: 60–68). Im ältesten christlichen (Wiedererkennungs-)Roman, den pseudoklementinischen Homilien, die in ihrer Endgestalt auf das 4. Jh. zurückgehen, aber Überlieferungen aus der christlichen Frühzeit enthalten, findet sich die Forderung: die Hebräer (= Juden) müssen der Lehre des Mose, die Christen der Verkündigung des wahren Propheten Jesus Folge leisten, wenn sie selig werden wollen (Hom VIII 5–7). Die Lehre Moses sei mit der Jesu identisch und Jesus vor den Hebräern verhüllt, während Mose den Jesusgläubigen verborgen sei (Hom VIII 6,1–2).

Allerdings war dieses Judenchristentum in der Antike nicht mehrheitsfähig bzw. plausibel zu machen, wurde ganz zu Unrecht verketzert und hat die historische Entwicklung nicht weiter beeinflußt. Vielmehr bezog die Heidenchristenheit des 2. Jh.s in Weiterführung neutestamentlicher Aussagen die Erwählung Israels auf sich selbst und riß im Zusammenhang damit, wiederum infolge der Christologie, den ungläubigen Juden das Alte Testament förmlich aus der Hand.

Ist heute ein solcher Ansatz, wie er im verketzerten Judenchristentum vertreten wurde, möglich? So kann man verschiedentlich lesen: »Juden und Christen wandeln im Namen des einen Gottes, die einen im Hören auf das Wort der Tora, die anderen in der Bindung an Jesus Christus« (v. der Osten-Sacken 1982: 186). Allerdings würde das ein Abrücken von fast der gesamten neutestamentlichen Tradition bedeuten, denn »(e)s gibt keinen Weg, das Christentum von seinem Antijudaismus zu befreien, ohne schließlich mit seiner christologischen Hermeneutik selbst zu ringen« (Ruether 1978: 112). Da v. der Osten-Sacken seine Lösung auf dogmatischem Weg, d. h. auf der Grundlage des vorhandenen neutestamentlichen Textmaterials, und nicht unter Bezug auf das häretische Judenchristentum gewinnt, ist sie exegetisch chancenlos, sosehr der dahinterstehende Wunsch einer Versöhnung von Juden und Christen zu bejahen ist. Das gleiche gilt gegenüber der neuesten »Christologie«, die demselben Anliegen verpflichtet ist. Doch wird hier steil dekretiert: »Jesus von Nazareth *ist* kein anderer als der auferstandene Jesus Christus« (Marquardt 1990: 132), und die Auferstehung gilt wiederum als historisches Ereignis (Marquardt 1991: 284), was angesichts der Quellenlage ein Gespräch fast unmöglich macht. Mit Dogmatik ist eine echte Verständigung zwischen Juden und Christen also nicht zu erreichen. Sollten sich Befürworter einer dauerhaften Annäherung von Israel und Kirche einmal auf die verketzerten Juden-christen berufen, so wäre unverzüglich eine Kritik des neutesta-mentlichen Kanons fällig, die ich zur Zeit in den Kreisen um v. der Osten-Sacken und Marquardt aber nicht wahrnehmen kann.

Aber auch der Rückgang auf den *einen* Gott als der stärksten Klammer, die Israel und die Kirche verbindet, ist kaum eine Lösung des angesprochenen Problems. Denn das Bekenntnis zu dem einen Gott, das auch den Islam einschließen müßte, ist so lange schwam-mig, als nicht die Inhalte dieses Bekenntnisses eindeutig und ver-ständlich sind. »Das jüdische Bekenntnis zur Einzigkeit Gottes ist nicht lösbar vom Bewußtsein der Einzigkeit als erwähltes Volk. Das christliche Bekenntnis zur Einzigkeit Gottes ist nicht lösbar von der Einzigkeit des Sohnes, in dem Gott die Welt mit sich selbst versöhnt hat« (Gräßer 1985: 314). Dieses Urteil trifft zweifellos zu, wenn man die Endgestalt der neutestamentlichen Texte zugrunde legt.

Eine Lösung des Problems
mittels historischer Rekonstruktion christlicher Ursprünge?

Nun entstammen die beiden angeführten Schlüsseltexte Apg 4,12 und Joh 14,6 zweifellos erst der Zeit nach der Zerstörung des Jerusa-lemer Tempels (70 n. Chr.). Ist es nicht möglich, daß die Christolo-gie erst in dieser Zeit zum Antijudaismus führte, während die ersten Christen und ihre Christusanschauung frei davon waren? Die Ant-wort darauf fällt negativ aus: a) Bereits im ältesten erhaltenen Pau-lusbrief, dem 1 Thess, aus dem Jahre 41 oder 50 richtet Paulus eine scharfe Attacke gegen die Juden, die den Herrn Jesus getötet haben (1 Thess 2,15). b) Weiter ist auf schwere Auseinandersetzungen zwi-schen Juden und Judenchristen in den ersten Jahren des Bestehens der Jerusalemer Gemeinde zu verweisen, in deren Folge die Jerusa-lemer hellenistischen Judenchristen um Stephanus die Stadt zu ver-lassen hatten (Apg 6–7). Die Hellenisten verstanden sich *mit Sicher-heit* als das neue Gottesvolk, in dem nur die Christen (Juden und Heiden) Platz hatten. Vgl. Gal 3,26: »Hier ist nicht Jude noch Grie-che... Alle sind ja eins in Christus«. Ihr Kirchenverständnis ist ebenso wie das des gesamten Neuen Testaments von einer Substitu-tionstheorie getragen. Die Kirche hat die Nachfolge Israels angetre-ten.

Partizipationsmodell oder Substitutionstheorie im Kirchenverständnis?

In der Frühzeit des Christentums dürfte allein die Jerusalemer Gemeinde über das Verhältnis der Kirche zu Israel anders gedacht und ein Partizipationsmodell (statt einer Ersatztheorie) vertreten haben. Dieser Vorstellung zufolge nehmen die Christen an den Vorrechten Israels Anteil (vgl. Luz 1981: 202). Darauf weist *erstens* der Befund, daß von der Jerusalemer Gemeinde nur widerwillig die Heidenmission akzeptiert und unverzüglich mit Auflagen versehen wurde (vgl. Lüdemann 1995: 49–53). *Zweitens* erhalten die Heidenchristen durch die Kollekte für die Jerusalemer Gemeinde Anteil an ihrer Würde – so jedenfalls die maßgebliche Interpretation der Kollekte durch die Jerusalemer (vgl. Lüdemann 1995: 50f). Von hier aus wäre dann einem Antijudaismus ebenso der Riegel vorgeschoben, wie wenn man der Christologie der verketzerten Judenchristen folgen würde, die Nachfahren der Jerusalemer Gemeinde sind. Denn in beiden Fällen bestände keine Bedrohung für Israel, da die Heiden keine von ihm unabhängige Würde besäßen.

Paulus selbst vertritt im allgemeinen ein Ersatzmodell, fügt dem aber später das Geheimnis der Hoffnung auf die Rettung von ganz Israel hinzu (vgl. Röm 11,26). Damit hat er, wenn man den historischen Ort dieser Aussage berücksichtigt, ad hoc einem Antijudaismus der römischen Heidenchristen vorgebeugt. Doch steht diese Lösung in Spannung zu anderen Aussagen in seinen Briefen, mit denen ein Ausgleich nicht ohne weiteres gelingen dürfte. So versteht er die Kirche als Israel Gottes (Gal 6,16) und meint, der Zorn Gottes sei bereits über die Juden gekommen, die ihn an der Heidenmission hindern (1 Thess 2,16). Außerdem zerstörte seine Praxis faktisch die jüdische Identität, wie seine judenchristlichen Gegner zu Recht beobachtet hatten. Einer seiner Lehrsätze lautete: »Beschnittensein ist nichts, und Unbeschnittensein ist nichts, sondern die Gebote Gottes halten (sc. darauf kommt es an)« (1 Kor 7,19), ein anderer: »In Christus gilt weder Beschneidung etwas, noch Unbeschnittenheit etwas, sondern eine neue Kreatur« (Gal 6,15). Diese polemischen Formeln mußten früher oder später dazu führen, daß die in den Gemeinden des Paulus als Minderheit lebenden Judenchristen sich von der Thora lösten und ihre Kinder nicht mehr beschnitten – genau wie die judenchristlichen Gegner dem Apostel vorgeworfen hatten; vgl. Apg 21,21: Paulus »lehrt alle Juden, die unter den Heiden wohnen, den Abfall von Mose« und sagt, »sie sollen ihre Kinder nicht mehr beschneiden...« Der Befund bei Paulus ist also zwie-spältig: Einerseits hinterläßt der Apostel als Vermächtnis einen blei-benden Hinweis auf die Verwurzelung der Kirche in Israel. Ande-rerseits löst das Werk des Paulus eine Lawine in Richtung auf eine rein heidenchristliche Kirche aus.

Ist so der gesamte neutestamentliche Befund mit der notwendigen Differenzierung bei Paulus eindeutig, muß zugleich hinzugefügt werden, daß der christologische und ekklesiologische Anspruch erst seit der Auferstehung Jesu erhoben wurde. Da sie inhaltlich eine Deutung des Lebens und Werks Jesu von Nazareth darstellt, schlage ich vor, diese Erkenntnis für einen neuen Umgang mit dem Antiju-daismus fruchtbar werden zu lassen.

Ein neuer Weg im Umgang mit dem Antijudaismus

Ist der Antijudaismus notwendig die Kehrseite der Christologie, so ist diese zu problematisieren. Die historisch-kritische Forschung leistet dabei eine unschätzbare Hilfe. Fest steht: Die Christologie wurzelt letztlich in der Auferstehung Jesu. Diese hat aber nie statt-gefunden; als Tatsachen sind nur die Visionen der Jünger und Jün-gerinnen zu bezeichnen (vgl. Lüdemann 1994). Wenn man so will, haben die Juden, die Mt nennt, die »Auferwekung« Jesu sachgemä-ßer beurteilt als die frühen Christen. Sie äußerten den dringenden Verdacht, die Jünger hätten den Leichnam Jesu gestohlen (Mt 28,13–15), während die Christen steif und fest behaupteten, Jesu Leichnam sei aus dem Grab in Jerusalem entschwunden. Haben die Christen den Leichnam auch nicht entwendet, so steht doch fest, daß er verweste. In dieser Voraussetzung, aber auch in anderen, wie der Bestreitung der Jungfrauengeburt sowie der Lehre von der Gottheit Christi und seiner Präexistenz, behalten die Juden Recht. Es empfiehlt sich daher allgemein, Jesus selbst als Ausgangspunkt künftiger Theologie zu nehmen, wie sehr damit das Schiff der Kir-che auch ins Schlingern geraten mag. Beim Nazarener ist der Anti-judaismus von vornherein zum Scheitern verurteilt, da er sich aus-schließlich zu seinen jüdischen Zeitgenossen gesandt wußte und sich als Reformator der Religion Israels verstand. An seiner Person und Verkündigung sind die bisher offen gebliebenen Fragen nach dem Alten Testament als Wort Gottes und als Bestandteil der Bibel zu klären.

Die tragische Seite des Antijudaismus

Ich möchte zwei Punkte hinzufügen: a) Der Antijudaismus war und ist das schleichende Gift in der Geschichte des Christentums. Ob er in der Geschichte der christlichen Kirchen und der Theologie seinen Höhepunkt bereits überschritten hat, bleibt abzuwarten. b) Gleichzeitig hat der Antijudaismus tragische Züge, da vieles in ihm gerade aus Israel übernommen und später gegen die Juden selbst gekehrt wurde. Ein Teil des eigentlichen Problems scheint zu sein, wie ein Volk plötzlich von sich behaupten kann, es sei erwählt. Denn Erwählung setzt oftmals Feindseligkeit gegen die anderen frei, die nicht erwählt sind. Indem die christliche Kirche das unheilvolle Erbe dieses Aspektes von Religion samt seinem Gottesbegriff aus dem Judentum übernahm, waren praktisch Gewaltanwendungen in der Kirche vorprogrammiert, wobei die Kriegstheologie des Alten Testaments als Vorbild diente. Und bis heute scheint das Gottesbild der christlichen Kirchen noch stark von dem Gewalt anwendenden Gott des Alten Testaments geprägt zu sein, dem ohne Widerrede zu gehorchen sei. Aber wie soll ein solcher Gott in unseren demokratischen Traditionen und dem hier verankerten Toleranzbegriff (vgl. Mensching 1966; T. Rendtorff 1982) ein Zuhause finden? Die Frage ist nach wie vor ungelöst, denn sowohl die Reformation (a) als auch die neuere Dogmatik (b) tragen nichts zu dieser Frage bei.

a) Martin Luthers Intoleranz gegenüber Ketzern kommt in einer Tischrede grob, aber nicht unzutreffend zum Ausdruck (alle folgenden Luther-Zitate sind dem modernen Deutsch angepaßt): »Mit Ketzern braucht man kein langes Federlesen zu machen, man kann sie ungehört verdammen. Und während sie auf dem Scheiterhaufen zugrunde gehen, sollte der Gläubige das Übel an der Wurzel ausrotten und seine Hände in dem Blute der Bischöfe und des Papstes baden, der der Teufel in Verkleidung ist« (III 175).

Mögen die Äußerungen Luthers in seinen Tischreden grob und ›leicht zu entschuldigen‹ sein, so sind sie doch Ausdruck seiner Haltung zu Andersgläubigen (vgl. zum Folgenden Völker 1912). Dies läßt sich z. B. in Luthers Großem Katechismus zeigen:

»Darum scheiden und sondern diese Artikel des Glaubens uns Christen von allen anderen Leuten auf Erden. Denn was außer der Christenheit ist, es seien Heiden, Türken, Juden oder falsche Christen und Heuchler, ob sie gleich nur einen wahrhaftigen Gott glauben und anbeten, so wissen sie doch nicht, was er gegen ihn gesinnet ist, können sich auch keiner Liebe noch

Guts zu ihm versehen, darum sie in ewigem Zorn und Verdammnis bleiben. Denn sie den HERRN Christum nicht haben, dazu mit keinen Gaben durch den Heiligen Geist erleuchtet und begnadet sind« (WA 30,1, 192).

Luthers Polemik, die aus seiner Intoleranz anderen Denkrichtungen und Glaubensüberzeugungen gegenüber resultiert, richtet sich gegen die katholische Kirche (z. B. »Wider Hans Worst«, 1541) ebenso wie gegen die Türken (z. B. »Vom Kriege wider die Türken«, 1529), gegen reformatorische Häresien, wie die Täufer und Schwärmer, und insbesondere auch gegen die Juden. In seiner Schrift »Von den Juden und ihren Lügen« aus dem Jahre 1543 ist z. B. zu lesen:

»Ein solch verzweifelt, durchböset, durchgiftet, durchteufelt Ding ist's um diese Juden, so diese 1400 Jahr unsere Plage, Pestilenz und alles Unglück gewesen und noch sind« (WA 53, 528).

»Erstlich, daß man ihre Synagogen oder Schulen mit Feuer anstecke, und, was nicht verbrennen will, mit Erde überhäufe und beschütte, daß kein Mensch einen Stein oder Schlacke davon sehe ewiglich. Und solches soll man tun unserem Herrn und der Christenheit zu Ehren, damit Gott sehe, daß wir Christen seien und solch öffentlich Lügen, Fluchen und Lästern seines Sohnes und seiner Christen wissentlich nicht geduldet noch gewilligt haben...

Zum anderen, daß man auch ihre Häuser desgleichen zerbreche und zerstöre. Denn sie treiben eben dasselbige drinnen, was sie in ihren Schulen treiben. Dafür mag man sie etwa unter ein Dach oder Stall tun, wie die Zigeuner, auf daß sie wissen, sie seien nicht Herren in unserem Lande...

Zum dritten, daß man ihnen nehme alle ihre Betbüchlein und Talmudisten, darin solche Abgötterei, Lügen, Fluch und Lästerung gelehrt wird.

Zum vierten, daß man ihren Rabbinern bei Leib und Leben verbiete, hinfort zu lehren...« (WA 53, 523; vgl. 536f).

Für Luther stellen Abweichungen von der rechten Lehre nicht nur andere Meinungen dar, sondern sind Auswüchse des Teufels selbst (vgl. z. B. die Vorrede zu den Schmalkaldischen Artikeln, 1537/38: »...wie kann ich allein alle Mäuler des Teufels stopfen?«; WA 50, 194), die es notfalls auch mit Gewalt zu bekämpfen gilt (vgl. z. B. WA 15, 774).

Gleiches gilt für Philipp Melanchthon. Dieser nannte die Hinrichtung Michael Servets im Jahre 1553 in Genf, die von Johannes Calvin wegen Servets Kritik an der Trinitätslehre betrieben wurde, »ein frommes und für alle Nachwelt erinnerungswürdiges Beispiel« (CR IX 133). Die ohnmächtige Protestschrift des Humanisten Sebastian Castellio (1515–1563), die erst im Jahre 1612 publiziert wurde (vgl. Bainton 1965), kam gegen diese im Gottesgedanken begründete Intoleranz nicht an, sollte aber wenigstens heute Gehör finden.

b) Kein Geringerer als Karl Barth, der wie kein anderer die dogmatische Theologie dieses Jahrhunderts geprägt hat und weiter bestimmt, schreibt: »Kein gefährlicherer, kein revolutionärerer Satz als dieser: daß Gott Einer, daß Keiner ihm gleich ist!... Wird dieser Satz so ausgesprochen, daß er gehört und begriffen wird, dann pflegt es immer gleich 450 Baalspfaffen miteinander an den Leib zu gehen. Gerade das, was die Neuzeit Toleranz nennt, kann dann gar keinen Raum mehr haben. Neben Gott gibt es nur noch seine Geschöpfe oder eben falsche Götter und also neben dem Glauben an ihn Religionen nur als Religionen des Aberglaubens, des Irrglaubens und letztlich des Unglaubens« (Barth 1940: 500). Dieser auch in Polemik gegen den Nationalsozialismus geschriebene Satz hatte damals sicher eine wichtige Funktion; er ist aber im demokratischen und pluralistischen Zeitalter Gift für die Bemühungen um ein Verständnis der verschiedenen Religionen untereinander und wird überdies der historischen Bedingtheit jeglicher menschlichen Aussagen, zu denen auch die über Gott gehören, nicht gerecht.

Kapitel 4
Jesus und die Barmherzigkeit Gottes

Rückbesinnung auf Jesus zwecks Wahrung des biblischen Erbes

Will man überhaupt noch an das Erbe der Bibel und an die Tradition ihrer kirchlichen Auslegung anknüpfen, so empfiehlt sich eine entschlossene Rückbesinnung auf Jesus. Dies geschieht gleichermaßen aus historischen und theologischen Gründen – historisch, weil Jesus *der* Auslöser der christlichen Bewegung war, theologisch, weil die Bedeutsamkeit seiner Botschaft und seines Verhaltens bis in die Gegenwart hineinreicht und überdies ein Befreiungspotential enthält, das nach wie vor allen Menschen gelten kann. Dieser Anspruch muß aber erst daran überprüft werden, was Jesus wirklich durch Worte und Taten verkündete und was nicht. Er muß sich damit auseinandersetzen, ob man die Person Jesu verstehen kann, ohne ihn selbst mit unseren heutigen und mit den vergangenen urchristlichen Interpretationen ins Unrecht zu setzen. Theologie muß sich am historischen Jesus messen lassen können oder sollte gleich Philosophie werden oder eine anspruchsvolle Katechismuslehre auf wissenschaftlicher Basis: Konfirmandenunterricht für Wissenschaftler.

Thesen zu Wort und Verhalten Jesu

Ich fasse im folgenden mein Bild von Jesus thesenhaft zusammen. Es hat sich mir aus einem Studium *aller* Jesusüberlieferungen ergeben und wird in Bälde als selbständige Monographie erscheinen.

Jesu *Gottesbild* kennt in seiner Mitte nicht die Gestalt eines rächenden, eifernden Gottes, sondern nur eine, die sich den Menschen in Erbarmen zuwendet und vielen seiner Zeitgenossen unbekannt geworden war. Jesu Gott sucht die Verlorenen. Diese müssen sich nicht erst zur Umkehr entschließen. Jesus spricht zu Gott als liebem Vater, und seine Rede vom Glauben, die den alttestamentlichen Begriff der Treue Gottes voraussetzt, schließt die unbedingte Gewißheit ein, daß Glaube nicht mehr nur vagabundierende Sehnsucht ist, sondern auf Gott beruht. War im Alten Testament Glauben auch daran orientiert, daß Gott ein für Israel erfolgreicher Krieger sein wird (vgl. Jes 7,9 [im syrisch-ephraimitischen Krieg]: »Glaubst du nicht, so bleibst du nicht«), so bei Jesus am einzelnen und der Unbedingtheit der Heilszusage an ihn sowie der Erfahrung von körperlich-seelischer Heilung.

Seine *Verkündigung* ist am Gewaltverzicht orientiert und an der Feindesliebe, die ohne Rücksicht auf ihre Wirkung die bestehende Ordnung durcheinanderwirbelt und das Vergeltungsprinzip durchbricht. Jesus versteht, mißt und lebt die Tradition von der Liebe her, die uns erst erlaubt, menschlich, weltoffen, ja vernünftig in der Freiheit der Kinder Gottes zu leben und seiner Schöpfung treu zu bleiben. Seine Lehre spitzt er dahin zu, daß die traditionellen Normen für den Menschen da sind und nicht umgekehrt. Deswegen wurde Jesus oftmals mit Absicht zu einem Gesetzesbrecher und hatte den Mut zu öffentlicher Kritik.

Sein *Verhalten* geht zu den herrschenden Klassen auf Distanz und wendet sich den religiös Deklassierten zu: Zöllnern, Huren, dem gesetzesunkundigen Volk des Landes. Daran macht er demonstrativ deutlich, daß Gnade dem Menschen zu-fällt – ohne jeglichen Anspruch.

Sein *Schicksal* war es, einen sinnlosen Tod am Kreuz zu sterben, weil er sich unbeliebt gemacht hatte, womit er den Preis für das unerschütterte Einstehen für seine Überzeugungen und sein unkonventionelles Verhalten bezahlte.

Seine *Erwartung*, daß Gottes Reich in absehbarer Zukunft eintreten werde, schlug fehl. Insofern ist er gescheitert. Als kirchliche Kreise Jesu fleischliche Auferstehung von den Toten verkündeten, wurde seine Botschaft verfälscht. In dem Sinne, daß die Freunde und Freundinnen Jesu – angesteckt durch den von ihm ausgehenden Lebensfunken, angerührt durch die Evidenz seines Auftretens und erwärmt durch eine in Jesus gegenwärtige göttliche Liebesflut – seine Botschaft weitertrugen, lebt er weiter. Wesentliche Teile seiner Verkündigung bleiben gültig, auch wenn ihre endzeitliche Ausrichtung unwiederbringlich versunken ist. Zu den ein für allemal verlorenen Elementen seiner Erwartung gehören auch die des neuen Tempels, falls er diesen wirklich erhofft hat, und die Wiederherstellung der zwölf Stämme Israels, als deren Repräsentanten er die Zwölf sah.

Jesus hat keinen christologischen Titel für sich beansprucht und keinen Antijudaismus betrieben. Scheut man moderne Begriffe nicht, mag sich die Bezeichnung »Reformjude« für Jesus eignen. Gleichwohl leuchtet ein »Ich« empor, das für sich eine unbedingte Vollmacht beansprucht und in innigster Weise mit der Gottheit, so wie er sie versteht, verbunden ist und in ihrem Namen auftritt. Als eine solche Gestalt ist der mit historisch-kritischer Methode rekonstruierbare Jesus eine Herausforderung für alle Menschen. Er ist aber auch Maßstab für jeglichen Gottesgedanken und erlaubt z. B. auch Atheisten, sich mit ihm zu identifizieren.

Der innere Kontext und der Ausgangspunkt seines Wirkens läßt sich an seinem Verhältnis zu Johannes dem Täufer, seinem Lehrer, zeigen. Von Johannes ließ sich Jesus zur Vergebung der Sünden taufen, womit er auf die Seite der sündigen Menschheit trat und damit von vornherein die späteren christologischen Überlegungen sowie Festsetzungen zur Sündlosigkeit Jesu Lügen strafte. Mit der Johannestaufe wollte auch er dem schrecklichen Endgericht entgehen, das der Asket Johannes allen Unbußfertigen androhte. Dann trennte er sich von seinem Lehrer, hörte auf zu fasten und erlebte die Gottesherrschaft in der Gegenwart, wie sie sich in Dämonenaustreibungen und anderen Wundern kundtat. Mit dem Begriff »Reich Gottes«, der der Verkündigung Johannes' des Täufers fremd ist, bezeichnet Jesus die Heilszeit, in der die Gottheit gnadenreich handelt. Böse Zungen sagten über Jesus, er sei ein Fresser und Weinsäufer, ein Freund von Zöllnern und Sündern (vgl. Mt 11,19 par). Daran ist richtig, daß er mit einer großen Anhängerschar das anbrechende Reich Gottes auch in Gastmählern feierte.

Der Mensch Jesus – ungeeignet für die kirchliche Verkündigung?

Ist ein derart verstandener Jesus nicht reiner Mensch und daher als Christus der Kirchen völlig ungeeignet? Wer so fragt, weiß offenbar im voraus, wer als Christus der Kirchen geeignet ist. Aber hier liegt doch das Problem:

a) Beanspruchen die christlichen Kirchen Jesus für sich, dann müssen sie Jesus, wie er wirklich war, respektieren und die späteren Übermalungen seiner Verkündigung und Person als späteres Beiwerk anerkennen; hierzu gehören auch (nämlich neben aller Christologie) rund 85 % aller überlieferten Worte Jesu.

b) Weiter täusche man sich nicht über den inneren Zustand der christlichen Kirchen heute. Viele sind innerlich ausgehöhlt und äußerlich unglaubwürdig.

c) Selbst Kirchenfunktionäre glauben nicht mehr, was in den Bekenntnissen steht. So äußerte sich der Präses der Synode der EKD, Jürgen Schmude, kürzlich in einem FOCUS-Interview, er glaube an die Auferstehung Jesu, fügte aber gleich hinzu, freilich müsse er interpretieren, was das denn bedeute (FOCUS 17/1996: 70). Was glaubt er nun wirklich? Kann ich an Dinge glauben, die ich hernach erst interpretieren muß? Entweder glaube ich, oder glaube ich nicht, und über diesen Glauben sollten wir uns selbst und anderen Menschen Rechenschaft ablegen. Ich vermute, daß auch die meisten Kirchenfunktionäre glauben wollen, aber diesen Glaubenswunsch mit echtem Glauben verwechseln. Es ist schlicht absurd, an Dinge zu glauben, die hernach erst interpretiert werden müssen. Das gleiche gilt auch für die Bestimmung anderer, profaner Inhalte. So kann ich nicht sagen: »Ich glaube an die Freiheit«, um anschließend erst zu interpretieren, was darunter zu verstehen sei. Freiheit verwirklicht sich in der Geschichte, daher ist sie immer konkret. Sie ist es auch dann, wenn sie nur als Möglichkeit in Form von Handlungsalternativen besteht. Während konkrete Freiheit eindeutig ist, haftet Interpretationen immer eine Mehrdeutigkeit an. Daraus folgt, daß ich sagen muß, was ich wirklich glaube.

Es bleibt also dabei: Es gibt Tausende von Christussen, nämlich menschlichen Bildern eines überirdischen Gottessohns, aber nur *einen* Jesus. Nicht was dieser gedacht, gewollt und getan hat, sondern was nach seinem Tode über ihn gedacht und in seinem Namen getan worden ist, hat weitgehend die kirchliche Verkündigung in den letzten zwei Jahrtausenden bestimmt. Aber der vergottete Christus hat mit Jesus wenig zu tun. Das ahnen heutzutage immer mehr Christenmenschen, und darum wissen inzwischen wieder viele Kirchenfunktionäre. Darum gilt der Satz uneingeschränkt: »Die Leiche im Keller des Christentums ist der vergottete Jesus selbst« (Türcke 1996: 144). Von dieser Illusion werden wir uns abwenden müssen, um Jesus in ehrlicher historischer Rekonstruktion zu begegnen und damit uns selbst im 3. Jahrtausend eine Chance zu sinnvollem Leben zu erhalten.

Kapitel 5
Kritik an meiner Kirche

1) Noch nie wurde ein so großes Gewicht auf die theologische Ausbildung gelegt – noch nie war das Wort Gottes so saft-, kraft- und fruchtlos wie jetzt. Die Gründe dafür liegen nicht bei den zumeist gutwilligen Predigern und Predigerinnen, die im kirchlichen Dienst stehen und von ihren Arbeitgebern abhängig sind. Sie sind zurückzuführen auf die Haltlosigkeit der Konstruktion, daß von der Kanzel überhaupt »Wort Gottes« gepredigt wird.

2) Die Kirche, die sich auf das Wort Gottes gründet, hat auf Sand gebaut. Dies folgt *erstens* aus der Geschichte des Kanons, d.h. daraus, auf welch menschliche Weise die Sammlung der Bibel, bestehend aus Altem und Neuem Testament, zustande kam. *Zweitens* ist dadurch, daß das Inspirationsdogma durch die historische Kritik aus den Angeln gehoben wurde, die Rede von der Bibel als Wort Gottes obsolet geworden. *Drittens* ist die Einheit von irdischem und auferstandenem Jesus, die eine wichtige Grundlage für die Vorstellung der Bibel als Wort Gottes darstellt, deswegen überholt, weil die Auferstehungserscheinungen vor seinen Jüngern auf rein psychologisch zu erklärende Visionen zurückzuführen sind, die als Deutungen des Lebens Jesu verstanden werden können.

3) Die Kirchen sollten eine schöpferische Pause einlegen und mindestens zehn Jahre lang auf die Predigt des »Wortes Gottes« verzichten. Was wird nicht alles gepredigt? Wenn das alles Gottes Wort wäre, was da landauf, landab gepredigt wird, – wie ist dann die fast völlige Wirkungslosigkeit des Wortes Gottes zu erklären?

4) Wie in allen Bereichen des Lebens, so muß auch in der Religion das Wissen Konsequenzen nach sich ziehen und notfalls zu ihrer völligen Umgestaltung führen. Dies gilt vor allem angesichts des historischen Befundes, daß Jesus verweste und nicht leiblich auferstand. Für die Kirche ist die leibliche Auferstehung gleichwohl nach wie vor ein unentbehrliches Requisit, so daß man frei nach Chri-

stoph Türcke sagen möchte: Die Leiche im Keller der Kirche ist der auferstandene Gottessohn.

5) Theologie und Kirche sind von ihren gegenseitigen Verschlingungen zu befreien – zum Wohle der Theologie und zum Wohle der Kirche. Theologie kann nicht als kirchliche Theologie betrieben werden, sondern nur als freie, wissenschaftliche Theologie. Erst dann ist sie in der Lage, ihren Beitrag zur Entzauberung der Welt zu leisten. Die Kirche hat nicht allein Rationalität als Grundlage, sondern vorrangig ein religiöses Gemeinschaftserleben, das an der Basis geschieht. In ihm hat das Singen und Feiern Vorrang. Dies allein ermöglicht die notwendige Kommunikation mit anderen Kirchen der Ökumene. Die Kirche muß selbstbewußter werden, kann Entscheidungen aus ihrer Pragmatik selbst treffen und braucht nicht erst künstlich nach theologischen Formeln zu greifen, um ihre Rechtgläubigkeit zu erweisen.

6) Der Anspruch auf Erkenntnisprivilegien ist das Grundübel der Theologie beider Konfessionen und beider Kirchen. Dies hat zu ihrer Unglaubwürdigkeit und zur Sprachlosigkeit im Umgang mit Außenstehenden – und das sind die meisten – beigetragen. Wer sich dabei auf Offenbarung beruft, tut nichts anderes als das, was die Sekten der Gegenwart auch praktizieren.

7) Die evangelische Theologie verdankt ihr Ansehen und ihre Existenzberechtigung innerhalb der deutschen Universität der rücksichtslosen Anwendung der historisch-kritischen Methode. Ein Forscher wie Adolf v. Harnack, der als Kulturprotestant und liberaler Theologe nicht mehr ernst genommen wird, hat mit vielen anderen historisch-kritisch arbeitenden Zeitgenossen mehr für das Bestehen der theologischen Fakultäten im weltlichen Verfassungsstaat getan (vgl. v. Harnack 1923), als seine heutigen kirchlichen Verächter ahnen.

8) Theologie und Kirche werden in der Zukunft nur dann eine Existenzberechtigung haben, wenn sie öffentlich darlegen, wozu sie in der modernen Gesellschaft nötig sind. Im Rahmen des Erweises ihrer Notwendigkeit ist die historische Wahrheit der von ihnen im Credo bekannten Aussagen zu prüfen und diesem im Falle eines negativen Resultats entschlossen der Abschied zu geben. Die faktische Existenz von Theologie und Kirche begründet noch keine Notwendigkeit. Die Theologie muß wieder an die großen historischen, philologischen und philosophischen Leistungen der liberalen Theologie anknüpfen.

9) Wenn Theologie als Wissenschaft anerkannt werden will, so ist

ihre Konfessionalisierung aufzuheben. Das sollte im protestantischen Raum leichter durchzusetzen sein als im römisch-katholischen. Diese Forderung ist ferner nicht nur aus organisatorischen und wirtschaftlichen, sondern auch aus politischen Gründen zu erheben, denn unser Staat ist bekenntnisneutral. An der neuen theologischen Fakultät sollen alle Religionen einschließlich der verschiedenen christlichen erforscht und auch auf den Prüfstand der Religionskritik gehoben werden. Die praktische Ausbildung der Geistlichen gehört zur Aufgabe der christlichen Kirchen und der anderen Religionsgemeinschaften. Sie ist nicht Sache der Universität.

10) Theologie und Kirche leben heute vielfach davon, daß niemand sie mehr ernst nimmt. Dies allein sichert ihnen in politisch relativ stabilen Zeiten ein Überleben, das durch parteiliche Vereinbarungen zwischen Staat und Kirche rechtlich abgesichert ist. Doch täusche man sich nicht: Kirche und Theologie sind für viele nachdenkliche Menschen und für die Kultur der Gegenwart keine Herausforderung mehr. Sie führen ein Eigenleben, schotten sich vielfach gegen unangenehme Kritik ab und erstarren so in scheinhaftem Glanze zu Tode.

11) Die Kirche ist auf Gedeih und Verderb darauf angewiesen, Jesu Stimme in seinen echten Worten zu vernehmen. Dazu gehört die Bereitschaft, rücksichtslos das von Jesus wirklich gesprochene Wort von dem zu unterscheiden, was er nicht gesagt hat, und die eigene Tradition im Lichte der echten Jesusworte in Frage zu stellen. Dabei ist ein lebendiges Gedächtnis mehr als ein bloßes Wiederholen der Worte Jesu.

12) Wenn ich nicht durch historische Zeugnisse oder einen klaren Grund widerlegt werde, so bin ich durch die von mir angeführten geschichtlichen Tatsachen bezwungen und bleibe bei meinem Protest gegen die Scheinheiligkeit der evangelischen Kirche, ihrer noch heute gesprochenen Bekenntnisse sowie ihrer darauf und auf das »Wort Gottes« gegründeten Amtshandlungen.

Literaturverzeichnis

Um Raum zu sparen, wurden die benutzten Arbeiten von Anfang an abgekürzt zitiert, nämlich unter Angabe des Verfassernamens und des Erscheinungsjahres der benutzten Ausgabe.

Albert, Hans: Traktat über kritische Vernunft, 1968; [2] *1969*

Albert, Hans: Plädoyer für kritischen Rationalismus, 1971; [3] *1973*

Albertz, Rainer: Religionsgeschichte Israels in alttestamentlicher Zeit, GAT 8/1, *1992*

Alt, Albrecht: Die Heimat des Deuteronomiums (1953), in: ders.: Kleine Schriften zur Geschichte des Volkes Israel II, *1953*, S. 250–275

Anders, Günther: Endzeit und Zeitenende. Gedanken über die atomare Situation, *1972*

Bainton, Roland H.: Concerning Heretics. Whether they are to be persecuted and how they are to be treated. A collection of the opinions of learned men both ancient and modern. An anonymous work attributed to Sebastian Castellio, *1965*

Barr, James: The Old Testament and the New Crisis of Biblical Authority, in: Int 25. *1971*, S. 24–40

Barr, James: Biblical Faith and Natural Theology, *1993*

Barth, Karl: Die Kirchliche Dogmatik II/1, *1940*

Bauer, Walter: Rechtgläubigkeit und Ketzerei im ältesten Christentum, BHTh 10, 1934, 2. Aufl. *1964*, hrsg. u. erg. v. Georg Strecker

Bauer, Walter: Das Leben Jesu im Zeitalter der neutestamentlichen Apokryphen, 1909 (= *1967*)

Becker, Hans-Jürgen: Auf der Kathedra des Mose. Rabbinisch-theologisches Denken und antirabbinische Polemik in Matthäus 23,1–12, ANTZ 4, *1990*

Ben-Chorin, Schalom: Antijüdische Elemente im Neuen Testament, in: EvTh 40. *1980*, S. 203–214

Birkner, Hans-Joachim: Natürliche Theologie und Offenbarungstheologie. Ein theologiegeschichtlicher Überblick, in: NZSTh 3. *1961*, S. 279–295

Blenkinsopp, Joseph: Ezra-Nehemiah. A Commentary, *1988*

Broer, Ingo: »Antisemitismus« und Judenpolemik im Neuen Testament. – Ein Beitrag zum besseren Verständnis von 1 Thess 2,14–16, in: BN 20. *1983*, S. 59–91

Broer, Ingo: Der Prozeß gegen Jesus nach Matthäus, in: Karl Kertelge

(Hrsg.): Der Prozeß gegen Jesus. Historische Rückfrage und theologische Deutung, QD 112, [2]*1989*, S. 84–110

Broer, Ingo: Antijudaismus im Neuen Testament? Versuch einer Annäherung anhand von zwei Texten (1 Thess 2,14–16 und Mt 27,24f), in: Oberlinner, Lorenz / Fiedler, Peter (Hrsg.): Salz der Erde – Licht der Welt. Exegetische Studien zum Matthäusevangelium (FS Anton Vögtle), *1991*, S. 321–355

Brown, Raymond E.: From Gethsemane to the Grave. A Commentary on the Passion Narratives in the Four Gospels, 2 volumes, *1994*

Buggle, Franz: Denn sie wissen nicht, was sie glauben. Oder warum man redlicherweise nicht mehr Christ sein kann, *1992*

Bultmann, Rudolf: Die Geschichte der synoptischen Tradition, FRLANT 29, [10]*1995*

Conzelmann, Hans: Die Mitte der Zeit. Studien zur Theologie des Lukas, BHTh 17, [6]*1977*

Davies, Alan (ed.): Antisemitism and the Foundation of Christianity, *1979*

Davies, Philip R.: A Neo-Albrightean School in History and Biblical Scholarship?, in: JBL 114. *1995*, S. 683–705

Dibelius, Martin: Die Formgeschichte des Evangeliums, [6]*1971*

Dietrich, Walter / Link, Christian: Die dunklen Seiten Gottes. Willkür und Gewalt, *1995*

Donner, Herbert / Röllig, Wolfgang: Kanaanäische und aramäische Inschriften II: Kommentar, *1964*

Ebach, Jürgen: Das Erbe der Gewalt. Eine biblische Realität und ihre Wirkungsgeschichte, *1980*

Ebeling, Gerhard: Kritischer Rationalismus. Zu Hans Alberts »Traktat über kritische Vernunft«, *1973*

Erwachsenenkatechismus, Evangelischer. Kursbuch des Glaubens. Im Auftrag der Katechismuskommission der Vereinigten Evangelisch-Lutherischen Kirche Deutschlands hrsg. v. Werner Jentsch, Hartmut Jetter, Manfred Kießig und Horst Reller, [2]*1975*

Flusser, David: Ulrich Wilckens und die Juden, in: EvTh 34. *1974*, S. 236–243

Flusser, David: Das Schisma zwischen Judentum und Christentum, in: EvTh 40. *1980*, S. 214–239

Friedrich, Gerhard: Die Verkündigung des Todes Jesu im Neuen Testament, BThSt 6, *1982*

Fritz, Volkmar: Das Buch Josua, HAT I / 7, *1994*

Gager, John G.: The Origins of Anti-Semitism. Attitudes Toward Judaism in Pagan and Christian Antiquity, *1983*

Gevirtz, Stanley: Jericho and Shechem: A Religio-Literary Aspect of City Destruction, in: VT 13. *1963*, S. 52–62

Gräßer, Erich: Der Alte Bund im Neuen. Exegetische Studien zur Israelfrage im Neuen Testament, WUNT 35, *1985*

Gunneweg, Antonius H. J.: Vom Verstehen des Alten Testaments. Eine Hermeneutik, GAT 5, *1977*

Haacker, Klaus: Elemente des heidnischen Antijudaismus im Neuen Testament, in: EvTh 48. *1988,* S. 404–418

Haenchen, Ernst: Gott und Mensch. Gesammelte Aufsätze, *1965*

Haenchen, Ernst: Historie und Geschichte in den johanneischen Passionsberichten, in: Zur Bedeutung des Todes Jesu. Exegetische Beiträge. Schriftenreihe des Theologischen Ausschusses der Evangelischen Kirche der Union, hrsg. v. Fritz Viering, [2]*1967,* S. 55–78

Harenberg, Werner: Detektive in Höhle 7, in: DER SPIEGEL 22/*1996,* S. 64–87

Harnack, Adolf von: Die Bedeutung der theologischen Fakultäten, in: ders.: Erforschtes und Erlebtes, *1923,* S. 199–217

Harnisch, Wolfgang: »Toleranz« im Denken des Paulus? Eine exegetisch-hermeneutische Vergewisserung, in: EvTh 56. *1996,* S. 64–82

Heckel, Martin: Die theologischen Fakultäten im weltlichen Verfassungsstaat, *1986*

Herrmann, Siegfried: Die Abwertung des Alten Testaments als Geschichtsquelle. Bemerkungen zu einem geistesgeschichtlichen Problem, in: Hans Heinrich Schmid/Joachim Mehlhausen (Hrsg.): Sola Scriptura. Das reformatorische Schriftprinzip in der säkularen Welt, *1991,* S. 156–165

Hirsch, Emanuel: Geschichte der neuern protestantischen Theologie im Zusammenhang mit den allgemeinen Bewegungen des europäischen Denkens, Band I, [3]*1964*

Hirschler, Horst: Luther ist uns weit voraus, *1996*

Janowski, Bernd/Welker, Michael: Vorwort, in: Jahrbuch für Biblische Theologie 1, *1986,* S. 5–8

Jeremias, Joachim: Die Gleichnisse Jesu, [7]*1965*

Jülicher, Adolf: Die Gleichnisreden Jesu I, [2]1910 (= *1963*)

Kaiser, Otto: Der Prophet Jesaja. Kapitel 1–12, ATD 17, *1960*

Kaiser, Otto: Einleitung in das Alte Testament. Einführung in ihre Ergebnisse und Probleme, [4]*1978*

Kaiser, Otto: Das Buch des Propheten Jesaja. Kapitel 1–12, ATD 17, 5., völlig neubearbeitete Aufl. *1981*

Kaiser, Otto: Grundriß der Einleitung in die kanonischen und deuterokanonischen Schriften des Alten Testaments. Band 1: Die erzählenden Werke, *1992*

Kampling, Rainer: Das Blut Christi und die Juden. Mt 27,25 bei den lateinischsprachigen christlichen Autoren bis zu Leo dem Großen, NTA 16, *1984*

Kampling, Rainer: Eine auslegungsgeschichtliche Skizze zu 1 Thess 2,14–16, in: Dietrich-Alex Koch/Hermann Lichtenberger (Hrsg.): Begegnungen zwischen Christentum und Judentum in Antike und Mittelalter (FS Heinz Schreckenberg), *1993,* S. 184–213

Kang, Sa Moon: Divine War in the Old Testament and in the Ancient Near East, BZAW 177, *1989*

Kant, Immanuel: Schriften zur Anthropologie, Geschichtsphilosophie,

Politik und Pädagogik. Erster Teil.Werke in sechs Bänden, Bd. 6, *1966*

Karrer, Martin: Der Gesalbte. Die Grundlagen des Christustitels, FRLANT 151, *1991*

Kilian, Rudolf: Jesaja 1–39, EdF 200, *1983*

Kittel, Gerhard: Das Konnubium mit Nicht-Juden im antiken Judentum, FJF 2, [2]*1943*, S. 28–59

Klappert, Berthold: Zur Erneuerung des Verhältnisses von Juden und Christen I. Einführung II. Synodalbeschluß zur Erneuerung des Verhältnisses von Christen und Juden, in: EvTh 40. *1980*, S. 257–276

Klassen, William: Anti-Judaism in Early Christianity: The State of the Question, in: Richardson / Granskou *1986*: 1–19

Klein, Charlotte: Theologie und Anti-Judaismus. Eine Studie zur deutschen theologischen Literatur der Gegenwart, ACJD 6, *1975*

Klein, Günter: »Christlicher Antijudaismus«. Bemerkungen zu einem semantischen Einschüchterungsversuch, in: ZThK 79. *1982*, S. 411–450

Koch, Klaus: Die Profeten II. Babylonisch-persische Zeit, [2]*1988*

Koester, Helmut: Ancient Christian Gospels. Their History and Development, *1990*

Kraus, Hans-Joachim: Psalmen. 2. Teilband, BK XV / 2, [3]*1966*

Kraus, Hans-Joachim: Die biblische Theologie. Ihre Geschichte und Problematik, *1970*

Kümmel, Werner Georg: Das Neue Testament. Geschichte der Erforschung seiner Probleme, OA III / 3, [2]*1970a*

Kümmel, Werner Georg: Das Neue Testament im 20. Jahrhundert. Ein Forschungsbericht, SBS 50, *1970b*

Kuhn, Karl Georg: Art. *theós.* C. Die urchristliche Gottestatsache und ihre Auseinandersetzung mit dem Gottesbegriff des Judentums. 2. Die rabbinischen Gottesbezeichnungen, in: ThWNT III, *1938*, S. 93–95

Lagarde, Paul de: Ueber das Verhältnis des deutschen Staates zu Theologie, Kirche und Religion. Ein Versuch Nicht-Theologen zu orientieren. In: ders.: Deutsche Schriften. Gesamtausgabe letzter Hand, [5]*1920*, S. 40–83

Leipoldt, Johannes / Morenz, Siegfried: Heilige Schriften. Betrachtungen zur Religionsgeschichte der antiken Mittelmeerwelt, *1953*

Lemche, Niels Peter: Early Israel. Anthropological and Historical Studies on the Israelite Society Before the Monarchy, SVT XXXVII, *1985*

Lémonon, Jean-Pierre: Pilate et le gouvernement de la Judée. Textes et monuments, EtB, *1981*

Lescow, Theodor: Das Geburtsmotiv in den messianischen Weissagungen bei Jesaja und Micha, in: ZAW 79. *1967*, S. 172–207

Levine, Amy-Jill: The Social and Ethnic Dimensions of Matthean Social History. »Go nowhere among the Gentiles« (Matt. 10: 5b), SBEC 14, *1988*

Ley, Michael: Genozid und Heilserwartung. Zum nationalsozialistischen Mord am europäischen Judentum. Mit einem Vorwort von Léon Poliakov, [2]*1995*

Lindemann, Andreas: Jesus blieb im Grab, in: Deutsches Allgemeines Sonntagsblatt 7/1994, S. 17

Lohfink, Norbert: Das heutige Verständnis der Schriftinspiraton in der katholischen Kirche, in: Eckert, Willehad P./Levinson, Nathan P./Stöhr, Martin (Hrsg.): Antijudaismus im Neuen Testament?, ACJD 2, *1967,* S. 15–26

Lohse, Eduard: Synagoge des Satans und Gemeinde Gottes. Zum Verhältnis von Juden und Christen nach der Offenbarung des Johannes. Franz-Delitzsch-Vorlesung 1989, *1992*

Lüdemann, Gerd: Paulus und das Judentum, TEH 212, *1983*

Lüdemann, Gerd: Das frühe Christentum nach den Traditionen der Apostelgeschichte. Ein Kommentar, *1987*

Lüdemann, Gerd: Die Auferstehung Jesu. Historie, Erfahrung, Theologie, Göttingen *1994;* Neuausgabe Stuttgart *1994*

Lüdemann, Gerd: Ketzer. Die andere Seite des frühen Christentums, *1995,* [2]1996

Luz, Ulrich: Zur Erneuerung des Verhältnisses von Christen und Juden. Bemerkungen zur Diskussion über die Rheinländer Synodalbeschlüsse, in: Jud. 37. *1981,* S. 195–211

Luz, Ulrich: Der Antijudaismus im Matthäusevangelium als historisches und theologisches Problem. Eine Skizze, in: EvTh 53. *1993,* S. 310–327

Marguerat, Daniel: Juden und Christen im lukanischen Doppelwerk, in: EvTh 54. *1994,* S. 241–264

Marquardt, Friedrich-Wilhelm: Die Gegenwart des Auferstandenen bei seinem Volk Israel. Ein dogmatisches Experiment, ACJD 15, *1983*

Marquardt, Friedrich-Wilhelm: Das christliche Bekenntnis zu Jesus, dem Juden. Eine Christologie, Band 1, *1990;* Band 2, *1991*

Meinhold, Peter: Ökumenische Kirchenkunde. Lebensformen der Christenheit heute, *1962*

Mensching, Gustav: Toleranz und Wahrheit in der Religion, Siebenstern-Taschenbuch 81, *1966*

Meyer, Eduard: Ursprung und Geschichte der Mormonen, *1912*

Mormon, Das Buch. Ein Bericht, geschrieben von der Hand Mormons auf Platten. Den Platten Nephis entnommen. Von den Platten ins Englische übersetzt von Joseph Smith jun., 11. deutsche Auflage, hrsg. v. der Kirche Jesu Christi der Heiligen der letzten Tage, *1955*

Mußner, Franz: Traktat über die Juden, *1979*

Newport, Kenneth G. C.: The Sources and *Sitz im Leben* of Matthew 23, JSNT. S 117, *1995*

Nietzsche, Friedrich: Werke in drei Bänden, hrsg. v. Karl Schlechta, Erster Band, *1954* (= 1994); Zweiter Band, *1955* (= 1994)

Noth, Martin: Überlieferungsgeschichtliche Studien. Erster Teil. Die sammelnden und bearbeitenden Geschichtswerke im Alten Testament, 1943 (= *1963*)

Origenes: Der Kommentar zum Evangelium nach Mattäus III, eingeleitet, übersetzt und mit Anmerkungen versehen von Hermann *J. Vogt*, BGrL 38, *1993*

Osten-Sacken, Peter von der: Grundzüge einer Theologie im christlich-jüdischen Gespräch, ACJD 12, *1982*

Overbeck, Franz: Zur Geschichte des Kanons, *1880* (= 1968)

Pagels, Elaine: The Origin of Satan, *1995*

Pannenberg, Wolfhart: Die Krise des Schriftprinzips (1962), in: ders.: Grundfragen systematischer Theologie. Gesammelte Aufsätze I, [2]*1971*, S. 11–21

Pannenberg, Wolfhart: Wissenschaftstheorie und Theologie, *1973*

Perlitt, Lothar: Israel und die Völker, in: Liedke, Gerhard (Hrsg.): Frieden – Bibel – Kirche, *1972*, S. 17–64

Perlitt, Lothar: Deuteronomium-Studien, FAT 8, *1994*

Preuß, Horst Dietrich: Theologie des Alten Testaments. Band 1: JHWHs erwählendes und verpflichtendes Handeln, *1991*

Provan, Iain W.: Ideologies, Literary and Critical: Reflections on Recent Writing on the History of Israel, in: JBL 114. *1995*, S. 585–606

Rad, Gerhard von: Deuteronomiumstudien, FRLANT 40, [2]*1948*

Rad, Gerhard von: Der heilige Krieg im alten Israel, [5]*1969*

Reimarus, Hermann Samuel: Apologie oder Schutzschrift für die vernünftigen Verehrer Gottes. Im Auftrag der Joachim-Jungius-Gesellschaft der Wissenschaften Hamburg hrsg. v. Gerhard Alexander, Band I, *1972a*; Band II, *1972b*

Reinbold, Wolfgang: Der älteste Bericht über den Tod Jesu. Literarische Analyse und historische Kritik der Passionsdarstellungen der Evangelien, BZNW 69, *1994*

Renan, Ernest: Geschichte des Volkes Israel, Band I, *1894*

Rendtorff, Rolf: Die jüdische Bibel und ihre antijüdische Auslegung, in: ders./Stegemann *1980*: 99–116

Rendtorff, Rolf: Das Alte Testament. Eine Einführung, *1983*

Rendtorff, Rolf/Stegemann, Ekkehard (Hrsg.): Auschwitz – Krise der christlichen Theologie. Eine Vortragsreihe, ACJD 10, *1980*

Rendtorff, Trutz (Hrsg.): Glaube und Toleranz. Das theologische Erbe der Aufklärung, *1982*

Reventlow, Henning Graf: Bibelautorität und Geist der Moderne. Die Bedeutung des Bibelverständnisses für die geistesgeschichtliche und politische Entwicklung in England von der Reformation bis zur Aufklärung, FKD 30, *1980*

Richardson, Peter/Granskou, David (ed.): Anti-Judaism in Early Christianity. Volume 1: Paul and the Gospels, SCJud 2, *1986*

Römer, Thomas: Dieu obscur. Le sexe, la cruauté et la violence dans l'Ancien Testament, *1996*

Roloff, Jürgen: Die Offenbarung des Johannes, ZBK. NT 18, *1984*

Ruether, Rosemary: Nächstenliebe und Brudermord. Die theologischen Wurzeln des Antisemitismus, ACJD 7, *1978*

Sanders, Jack T.: The Jews in Luke-Acts, *1987*

Schäfer, Peter: Der Bar Kokhba-Aufstand, TSAJ 1, *1981*

Schürer, Emil: Geschichte des jüdischen Volkes im Zeitalter Jesu Christi, Band I, [4] 1901 (= *1964*)

Slenczka, Reinhard: Kirchliche Entscheidungen in theologischer Verantwortung. Grundlagen – Kriterien – Grenzen, *1991*

Smend, Rudolf: Zur ältesten Geschichte Israels. Gesammelte Studien Band 2, BEvTh 100, *1987*

Smend, Rudolf: Die Entstehung des Alten Testaments, [4] *1989*

Smend, Rudolf: Epochen der Bibelkritik. Gesammelte Studien Band 3, BEvTh 109, *1991*

Speyer, Wolfgang: Bücherfunde in der Antike. Mit einem Ausblick auf Mittelalter und Neuzeit, Hyp. 24, *1970*

Speyer, Wolfgang: Die literarische Fälschung im heidnischen und christlichen Altertum. Ein Versuch ihrer Deutung, HKAW I,2, *1971*

Speyer, Wolfgang: Religiöse Pseudepigraphie und literarische Fälschung im Altertum (1965/66), in: Brox, Norbert (Hrsg.): Pseudepigraphie in der heidnischen und jüdisch-christlichen Antike, WdF CDLXXXIV, *1977*, S. 195–263

Spieckermann, Hermann: Juda unter Assur in der Sargonidenzeit, FRLANT 129, *1982*

Stegemann, Ekkehard: Der Jude Paulus und seine antijüdische Auslegung, in: Rendtorff/ders. *1980*: 117–139

Stegemann, Ekkehard: Zur antijüdischen Polemik in 1 Thess 2,14–16, in: Kirche und Israel 5. *1990*, S. 54–64

Stiegler, Stefan: Die nachexilische JHWH-Gemeinde in Jerusalem, *1994*

Stöhr, Martin: Einführung, in: W. P. Eckert/N. P. Levinson/M. Stöhr (Hrsg.): Antijudaismus im Neuen Testament?, ACJD 2, *1967*, S. 7–14

Strecker, Georg: Die Leidens- und Auferstehungsvoraussagen im Markusevangelium (Mk 8,31; 9,31; 10,32–34), in: ders.: Eschaton und Historie. Aufsätze, *1979*, S. 52–75

Strecker, Georg: Theologie des Neuen Testaments, bearb., erg. und hrsg. von Friedrich Wilhelm Horn, *1995*

Synode der Evangelischen Kirche in Deutschland: Glauben heute. Christ werden – Christ bleiben. Mit einem *Brief an alle, denen der Glaube und die Kirche am Herzen liegen* und dem Vortrag *Die Entdeckung des Glaubens im Neuen Testament* von Professor Dr. Hans Weder, ([1] 1988) [3] *1989* (66.-80. Tsd.)

Theißen, Gerd: Aporien im Umgang mit den Antijudaismen des Neuen Testaments, in: Die hebräische Bibel und ihre zweifache Nachgeschichte (FS Rolf Rendtorff), hrsg. v. Blum, Erhard/Macholz, Christian/Stegemann, Ekkehard W., *1990*, S. 535–553

Thiede, Carsten Peter/d'Ancona, Matthew: Der Jesus-Papyrus. Die Entdeckung einer Evangelien-Handschrift aus der Zeit der Augenzeugen, *1995*

Thyen, Hartwig: Exegese des Neuen Testaments nach dem Holocaust, in: Rendtorff/Stegemann *1980:* 140–158

Türcke, Christoph: Kassensturz. Zur Lage der Theologie, *1992*

Türcke, Christoph: Die Leiche im Keller. Christentum und ethischer Minimalkonsens heute, in: Das Christentum am Ende der Moderne, 1996

Völker, Karl: Toleranz und Intoleranz im Zeitalter der Reformation, *1912*

Wagner, Falk: Zur gegenwärtigen Lage des Protestantismus, *1995*

Weatherly, Jon A.: Jewish Responsibility for the Death of Jesus in Luke-Acts, JSNT. S 106, *1994*

Wegner, Reinhard (Hrsg.): Die Datierung der Evangelien, [2]*1983*

Weippert, Manfred: »Heiliger Krieg« in Israel und Assyrien. Kritische Anmerkungen zu Gerhard von Rads Konzept des »Heiligen Krieges im Alten Israel«, in: ZAW 84. *1972,* S. 460–493

Wellhausen, Julius: Skizzen und Vorarbeiten I, *1884*

Wellhausen, Julius: Das Evangelium Johannis, *1908*

Wellhausen, Julius: Das Evangelium Matthaei. Zweite Ausgabe, *1914*

Wellhausen, Julius: Israelitische und jüdische Geschichte, [9]*1958*

Wilckens, Ulrich: Das Neue Testament und die Juden, in: EvTh 34. *1974,* S. 602–611

Windisch, Hans: Johannes und die Synoptiker. Wollte der vierte Evangelist die älteren Evangelien ergänzen oder ersetzen?, UNT 12, *1926*

Winter, Paul: Markus 14 [53b.55–64]. Ein Gebilde des Evangelisten, in: ZNW 53. *1962,* S. 260–263

Winter, Paul: Zum Prozeß Jesu, in: Eckert, Willehad P./Levinson, Nathan P./Stöhr, Martin (Hrsg.): Antijudaismus im Neuen Testament?, ACJD 2, *1967,* S. 95–104

Winter, Paul: On the Trial of Jesus. Second Edition. Revised and edited by T. A. Burkill and Geza Vermes, SJ 1, *1974*

Würthwein, Ernst: Die Bücher der Könige (1. Kön 17–2. Kön. 25), ATD 11,2, *1984*

Zager, Werner: Jesu Auferstehung – Heilstat Gottes oder Vision? Das Ostergeschehen in historisch-kritischer und psychologischer Perspektive, in: Deutsches Pfarrerblatt 96. *1996,* S. 120–123

Zeller, Eduard: Die Philosophie der Griechen in ihrer geschichtlichen Entwicklung III.2, [6]*1963*

Zimmerli, Walther: Der Mensch und seine Hoffnung im Alten Testament, *1968*

Autorenverzeichnis